LA GRAN GUERRA

COLECCIÓN · EL TIEMPO HABITADO

Marc Bloch

LA GRAN GUERRA

Recuerdos de guerra
(1914-1915)

Reflexiones de un historiador sobre
las noticias falsas de la guerra

ERASMUS

2025

COLECCIÓN · EL TIEMPO HABITADO

HISTORIA Y ARQUEOLOGÍA

ERASMUS EDICIONES

Primera edición: junio de 2025

Título original: *Souvenirs de guerre, 1914-1915 y Réflexions d'un historien sur les fausses informations en temps de guerre.*

© de esta edición: Editorial Almuzara S.L., 2025
© de la traducción Raúl López López, 2025
Dirección editorial: Raúl López López
Diseño de cubierta: estudiodavinci
Maquetación: Edicionante
Imprime y encuaderna: Liberdúplex

www.erasmuslibros.com   www.editorialalmuzara.com
pedidos@almuzaralibros.com   erasmus@almuzaralibros.com

Derechos exclusivos internacionales en lengua española: Editorial Almuzara, S. L.

Parque Logístico de Córdoba. Ctra. Palma del Río, km 4 C/8, Nave 12, nº 3.
14005 - Córdoba

ISBN: 978-84-10199-22-4
Depósito legal: CO-909-2025

Hecho e impreso en España   Made and printed in Spain

ÍNDICE

9

Figura 1. Última fotografía conocida de Marc Bloch.
En torno a 1940.

I

RECUERDOS DE LA GUERRA 1914-1915

PRIMERA PARTE

Tuve el honor de participar en los primeros cinco meses de la campaña de 1914-1915. Ahora me encuentro en París, de baja por convalecencia, y me recupero poco a poco de una grave fiebre tifoidea que el pasado 15 de enero me obligó a abandonar el frente. Aprovecharé el tiempo libre para fijar mis recuerdos antes de que el tiempo borre sus colores, hoy tan frescos y vivos. No lo contaré todo. Hay que dejar que el olvido se lleve lo que le corresponde. Pero no quiero abandonar a los caprichos de mi memoria los cinco meses extraordinarios que acabo de vivir. Ella suele hacer de mi pasado una selección a menudo poco juiciosa. Lo llena de minucias sin interés y deja que se desvanezcan imágenes que, incluso en sus detalles más insignificantes, me habrían sido queridas. Quiero que esta vez la selección que tan mal hace quede en manos de mi razón.

I

Agosto de 1914. Todavía me veo de pie en el pasillo del vagón que nos trajo a mi hermano y a mí de vuelta de

Vevey, donde el 31 de julio de 1914 habíamos oído la noticia de la declaración de guerra de Alemania. Veía salir el sol en un hermoso cielo nublado y me repetía a media voz estas palabras, en sí mismas perfectamente insignificantes y que, sin embargo, me parecían preñadas de un significado temible y oculto: "He aquí el amanecer de agosto de 1914". Al llegar a París, a la estación de Lyon, nos enteramos por los periódicos del asesinato de Jaures. Una aguda inquietud se mezcló con nuestro luto. La guerra parecía inefable. ¿Habría mancillado el levantamiento sus comienzos? Hoy todo el mundo sabe lo infundadas que eran estas ansiedades. Jaures ya no existía. Pero la influencia de su noble espíritu le sobrevivió, como demostró a las naciones la actitud del Partido Socialista.

La imagen que París ofreció durante los primeros días de la movilización sigue siendo uno de los recuerdos más bellos que me ha dejado la guerra. La ciudad estaba tranquila y un tanto solemne. La lentísima circulación, la ausencia de autobuses, la rareza de los taxis, hacía que las calles fueran casi silenciosas. La tristeza que persistía en el fondo de todos los corazones se filtraba sólo por los ojos hinchados y enrojecidos de muchas mujeres. Los ejércitos nacionales hicieron de la guerra un fermento democrático. En París ya no había más que dos clases sociales: una era la nobleza, formada por "los que se iban"; la otra por "los que no se iban", y que por tanto no parecían conocer otra obligación por el momento que mimar a los soldados del mañana. En las calles, en las tiendas, en los tranvías, la gente se hablaba, familiarmente; y la benevolencia general se traducía en gestos o palabras a menudo pueriles y torpes, y sin embargo conmovedoras. Los hombres en su mayoría no eran alegres; eran decididos, que es mejor.

El 4 de agosto, por la mañana temprano, partí hacia Amiens. Recorrí parte del largo camino entre la avendida de Orleans y la estación de la Chapelle en un carro de verduras que un guardia de tráfico había requisado especialmente para mí. Yo iba sentado en la parte de atrás, apretujado entre las cestas de verduras. Por eso, el olor sano y ligeramente acre de la col y la zanahoria evocará siempre en mí las emociones de aquella mañana de partida: emoción y angustia. En la estación de la Chapelle, un anciano completamente canoso abrazaba su hijo, oficial de artillería, haciendo esfuerzos heroicos y totalmente vanos por contener las lágrimas. En Amiens encontré la ciudad extraordinariamente animada, las calles estaban evidentemente llenas de soldados - nunca entendí por qué se veían tantos oficiales farmacéuticos.

El 10 de agosto, a la una y media de la madrugada, el 272º Regimiento de Infantería, al que yo había sido destinado como sargento (18ª Compañía, 4ª Sección), salió de Amiens y por las calles de los suburbios, en el silencio de la noche, llegó a la estación de Longueau, de donde partimos. Fue un viaje largo y agotador bajo el calor agobiante de un día de perros. En la estación de Sedan nos dieron el boletín oficial que anunciaba la pre sentación de Mulhouse. En el tren, se lo leí a mis hombres. Me daba miedo hablar de victoria frente al gran campo de batalla de la derrota. Bajamos en Stenay.

Del 11 al 21 de agosto, el regimiento permaneció en la región del Mosa, primero en el propio valle, donde estaba vigilando los puentes, y luego más cerca de la frontera, en la orilla derecha-. Ciertamente no tengo un recuerdo muy vívido de este periodo. Días hermosos, muy tranquilos, algo monótonos, llenos de las pequeñas tareas del servicio de acuartelamiento. El sol, los placeres bucólicos -pescar, bañarse en el río, siestas sobre la hierba- y el espectáculo de un país desconocido, que, aunque carente de alegría y vivacidad, no carecía de encanto, habrían podido hacer bastante agradables aquellos días si no hubieran estado impregnados de una febril expectación.

En la noche del 20 al 21, la sección a la que yo pertenecía estaba de guardia en el ayuntamiento de un pueblo del norte de Woevre, llamado Quincy. En mitad de la noche, un importante oficial del Estado apareció en el aula donde dormíamos. Despertado bruscamente, nuestro comandante de pelotón, dando saltitos sin zapatos, fue a recibir órdenes de aquel aguafiestas que quería ser dirigido por el coronel. El regimiento partió una hora más tarde. Era el avance. En plena naturaleza, pasando al pie de la ciudadela de Montmédy, que alza sus viejas murallas reforzadas con palos sobre laderas cubiertas de hierba, oímos por primera vez el cañón, el "bruto", como dicen los soldados. Veríamos la primera metralla de Lanthanus -copos blancos en el cielo azul- al día siguiente, durante un alto. La noche del 21 nos acuartelaron en un pueblecito cercano a Montmédy, Iré-les-Prés, y a la mañana siguiente partimos para escoltar al convoy del cuerpo de ejército. Nos dijeron que estábamos a punto de penetrar en Bélgica. Nunca olvidaré la alegría de los hombres ante esta noticia. Por el camino llegó una contraorden, y un viaje muy largo y

Figura 2. Soldados alemanes el en un vagón de mercancías. Las inscripciones en el vagón («de viaje a París»). (1 de agosto de 1914). Fuente: *Großer Bilderatlas des Weltkrieges*, Múnich, 1915. Autor: Oscar Tellgmann.

penoso llevó a mi compañía hasta Velosnes, un pueblo muy cercano a la frontera belga. Estaba ocupado por tropas del IV Cuerpo. Algunas acababan de regresar de una batalla. En una casa, en una pequeña plaza donde había un lavadero, había tres prisioneros alemanes, a los que fuimos a mirar por la ventana. Dormimos amontonados en un frío granero. En cuanto a mí, me tumbé sobre un montón de fardos y pasé una noche no demasiado mala.

El día 23 nos encontramos con los primeros heridos que había visto durante la campaña. A nuestra compañía le habían asignado la tarea de cavar trincheras frente a un pueblo llamado Thonne-la-Long -cerca del frente, como Velosnes, pero más al oeste- y las ocupamos hasta la mañana del 25. Allí pasé las dos primeras noches de la campaña. El día 23 encuentro estas palabras en mi diario: "Primer día en que la presión es realmente seria... Muchos heridos en los caminos. En la carretera (perpendicular a las trincheras ocupadas por nosotros) se pueden ver los restos de dos batallones del 87º... Con todo, la otra cara de una gran batalla, creo que de una gran victoria. Pero desde el día 21 sé que los alemanes están en Bruselas".

En la mañana del 25, nos batimos en retirada y me di cuenta de que la esperanza testimoniada en las pocas líneas que acabamos de citar se había desvanecido. Esta decepción infinitamente cruel, la temperatura sofocante, las dificultades de la marcha por carreteras obstruidas por la artillería y los convoyes, y finalmente el abatimiento que me afectaba desde la víspera, hicieron de la jornada del 25 uno de los días más agónicos que he conocido. Pero, ¿podré olvidar jamás las dos tazas de café que me dio una campesina del pueblo donde nos detuvimos aquel día, Han-les-Juvigny? No había bebido desde la mañana, por razones obvias. No, por mucho que viviera, ninguna bebida podría proporcionarme una voluntad más fuerte que aquellas dos tazas de "bazofia".

Pasamos la noche en el bosque. En verano, cuando hace buen tiempo, no hay lugar más agradable para acampar, creo que incluso mejor que un dormitorio. El abrigo de las hojas elimina lo que es demasiado acre del aire libre, y su olor apenas perceptible perfuma ligeramente las brisas frescas que vienen a acariciar el rostro del durmiente. Estos sueños "bajo las estrellas", al aire libre, que hacen respirar profundamente y nunca dejan la cabeza pesada, aunque sean poco profundos, tienen delicias que los sueños bajo techo no conocen en absoluto. Mientras disfrutábamos del encanto, el enemigo se acercaba. Un retraso en la transmisión de la orden de partir corría el riesgo de cogernos por sorpresa. El despertar fue brusco y siguió una marcha forzada. En las calles vimos a la gente abandonar apresuradamente el pueblo. Hombres, mujeres, niños, muebles (¡a menudo los más dispares!) y paquetes de comida se amontonaban en los carros. Estos campesinos de Francia, que huían ante una red de la que no podíamos protegerlos, formaban un cuadro cruel, tal vez el más amargo de todos los que nos ofrecía la guerra. Los veíamos a menudo, durante la retirada, a los pobres evacuados, atascando las calles y las plazas de los pueblos con sus carros, desconcertados, aturdidos, atenazados por los gendarmes, engorrosos y dolorosos. La noche del 26 dormimos en Baricourt, nosotros en una especie de establo, ellos en sus carros, a la intemperie, bajo la lluvia, ¡y las mujeres con niños en brazos! Al día siguiente, mientras permanecíamos en reserva en la meseta que domina la orilla izquierda del Mosa, vimos cómo el humo de los pueblos incendiados se elevaba hacia el cielo salpicado de metralla.

La retirada duró hasta el 5 de septiembre, interrumpida por un descanso de tres días en el valle de Grandpré, primero en Ternes y luego en el mismo Grandpré, tras cuatro días de duras marchas. Me dejó un recuerdo vago y uniformemente doloroso, similar al dolor que sigue a las malas noches. Los caminos polvorientos donde la compañía se deshacía con demasiada frecuencia, el calor sofocante, sobre todo al atravesar bosques de copas que no daban sombra y detenían las raras ráfagas de viento, dormir demasiado tarde, partir demasiado pronto, la incomodidad de los alojamientos, la monotonía de los días, todo esto habría sido poco si no hubiéramos dado constantemente la espalda a la frontera, retrocediendo constantemente, sin luchar. ¿Qué ocurría? No sabíamos "nada". Yo sufría atrozmente por esta ignorancia. Prefiero las malas noticias a la incertidumbre, y nada me irrita más que la sensación de que se me oculta la verdad. ¡Oh, crueles días de retiro, días de cansancio, de aburrimiento y de angustia!

El 6 de septiembre asistimos a las primeras bajas de la gran batalla que entonces se libraba y que la historia conocería con el nombre de batalla del Marne. Estábamos frente al castillo de Plessis, cerca de Orconte, en Champaña. Por el camino pasaban heridos, colonos, a los que dimos de beber. Nos ordenaron ponernos a cubierto detrás de una zanja, listos para disparar. Creíamos que íbamos a combatir. Cansados de la inacción, los hombres de estaban contentos, aunque serios. Pero era una falsa alarma. El día 7 por la mañana nos dirigimos a Larzicourt, un pueblo de piedra blanca en la orilla derecha del Marne; aquí los huertos dan deliciosas ciruelas. Permanecimos allí tres días. Sólo regresamos al pueblo por la noche. Durante el día ocupamos las trincheras que habíamos cavado en los campos de trigo, hacia el norte. El tiempo era bueno y hacía calor. Delante de nosotros un bosque cerraba el horizonte. A la izquierda, del lado de Vitry-le-François, en el cielo, que parecía inmenso por encima de aquel país llano, veíamos estallar los bombas, lejanas, sin tregua.

La noche del 9, apenas acostados en el granero asignado a mi pelotón, nos despertó la alarma. Nuestro regimiento se reunió en una larga columna de infantería y emprendió una interminable marcha nocturna. Saliendo de Larzicourt, cruzamos el Marne. Nuestras trincheras siempre me habían parecido una posición de repliegue, destinada en caso de necesidad a cubrir una retirada a través del río, en consecuencia una posición que había que mantener a toda costa y sólo abandonar tras una derrota irremediable. En Larzicourt, ¿no habían leído la orden en la que el general Joffre mandaba "morir en el acto antes que retirarse?". Y así, parecía, la gran retirada había comenzado, mientras cruzábamos el puente que deberíamos haber defendido. Reanudamos aquella larga y desganada marcha en retirada que ya nos había llevado desde el Luxemburgo belga hasta el Marne. Muchas veces habíamos esperado ver el final de la misma: en el Mosa, en Grandpré, en casi todos los pueblos donde nos habíamos acuartelado por una noche, y la última vez en las trincheras de Larzicourt. Una vez más nos pusimos en marcha. Pensé que todo estaba perdido. ¡Si lo hubiera sabido! Mientras, en la noche, caminaba tristemente por una carretera extremadamente sinuosa, a cuyos lados, pequeños grupos de árboles adquirían la apariencia de fantasmas sobre el fondo del cielo, mientras, con la rabia en el corazón, sentía el peso del fusil que nunca había sido disparado sobre mi hombro, escuchaba los pasos inciertos de nuestros hombres medio dormidos que resonaban en el suelo y pensaba que yo no era más que un vencido entre los vencedores -vencedores sin gloria, sin haber derramado jamás su sangre en la batalla-, allí, entre los estados mayores del mismo París, la victoria era conocida, o al menos se presentaba. En Larzicourt, en cambio, lo ignorábamos todo. En ese camino experimenté horas de dolor.

Llegó un momento, sin embargo, en que me di cuenta de que ya no íbamos hacia el suroeste, a pesar de las innumerables vueltas y revueltas; creí darme cuenta de que estábamos participando no en una retirada, sino en uno de esos movimientos de tropas que se realizan muy a menudo en las proximidades de los campos de batalla. Así fue. A medida que se acercaba el amanecer, comenzó a caer una fuerte lluvia, muy fría. Marchábamos siempre cansados, con la barriga vacía. Un hombre encontró un casco alemán, y uno a uno nos lo fuimos poniendo en la cabeza a modo de broma. En un cruce nos esperaba un coche. Se bajó de él un oficial de Estado Mayor, habló unos minutos con nuestro coronel y se marchó a toda prisa. Abandonamos Lastrada y subimos por la empinada ladera hacia la derecha, a través de altas hierbas húmedas. Habíamos abandonado el orden de marcha (la columna) y adoptado la formación de secciones en línea de cuatro prescrita por el reglamento cuando los soldados se acercaron a la línea de fuego, bajo la amenaza de la artillería. El regimiento se detuvo antes de llegar a la cumbre y nos colocaron en la línea de fuego. Era de día. El aire era fresco. Acababa de dejar de llover. Los abrigos mojados pesaban. Ya no tenía sueño. Nuestro teniente se acercó al capitán, o al comandante del batallón, no recuerdo, y volviendo, dijo: "Vais a luchar. Tenéis muchas ganas. Nos pusimos en marcha de nuevo y, tras pasar la cumbre, descendimos a un valle bordeado por una carretera a lo largo de la cual nos detuvimos de nuevo. A la izquierda podíamos ver los edificios de una granja, llamada Grand Perthes, creo. La parada duró mucho tiempo, cerca de una hora. Los hombres estaban tranquilos, un poco pálidos. Nuestro viejo capitán, más agotado que nunca, encendió su pipa y no pudo evitar expresar en voz alta la idea de que tal vez ésta sería la última vez. El teniente protestó mecánicamente, por pura cortesía. Abrí un tarro de mermelada de cereza que el ciclista de la compañía había encontrado para mí el día anterior en no sé qué pueblo y lo repartí. Las primeras granadas llegaron silbando. Cayeron a unos cientos de metros de nosotros, liberando grandes nubes de humo negro. Mataron a una vaca y a un hombre que estaba cerca de ella. Luego reanudamos la marcha hacia adelante, cruzando la carretera y subiendo por el lado opuesto al que habíamos llegado. Pasamos junto a una línea de trincheras ocupadas por otro regimiento, el 100º, creo.

Es probable que mientras viva, a menos que acabe mis días con demencia total, nunca olvide el 10 de septiembre de 1914. Sin embargo, mis recuerdos de ese día no son del todo precisos. Sobre todo, están bastante mal conectados. Forman una serie discontinua de imágenes, en realidad muy vívidas, pero mal coordinadas, como una película con grandes desgarros aquí y allá, y de la que algunas escenas pueden invertirse sin que uno se dé cuenta. Aquel día, bajo un fuego de artillería y ametralladoras extremadamente intenso, habíamos avanzado algunos kilómetros, quizá tres o cuatro, desde las diez de la mañana hasta las seis de la tarde. Nuestras pérdidas fueron cuantiosas; en mi compañía, que no era la más dañada, llegaron a más de un tercio de los efectivos. No sé si mi memoria me engaña, pero el tiempo no me pareció muy largo. Aquellas horas espantosas probablemente pasaron muy deprisa. Avanzábamos por un terreno ondulado, al principio sembrado de bosques, luego completamente descubierto. Recuerdo que al borde de un seto me dirigí con cierta rudeza a un hombre que se había detenido; me respondió: "Estoy herido"; de hecho, si no herido de verdad, había sido alcanzado por la metralla. Fue el primer herido. Más tarde vi el primer cadáver. Era un cabo que no pertenecía a nuestro regimiento. Estaba tendido en una pendiente, todo encorvado, con la cabeza vuelta cuesta abajo; algunas patatas se habían escapado de su marmita, que se había abierto en la caída, y estaban esparcidas erráticamente debajo de él. Cruzamos varios bosques. En cada parada nos tumbábamos en el suelo para descansar. Las balas de ametralladora zumbaban entre las ramas como enjambres de avispas. Las fuertes detonaciones de las bombas sacudían el aire, seguidas del canto de la metralla al caer tras la explosión. La espoleta de metralla, en particular, vibra suavemente mientras se arremolina en el aire y sólo se silencia de repente al final de su caída. ¡Cuántas melodías fúnebres oí aquel día! Encogí la cabeza entre los hombros y esperé a que llegara el silencio, y con él tal vez el golpe fatal.

Detrás de uno de aquellos bosques perdí mi sección,

que volví a encontrar más atrás. Los hombres estaban tendidos sobre el suelo amarillo. Detrás de nosotros, el coronel fue derribado por una granada. Se levantó y vino a reunirse con nosotros, ileso. Mi vecino, un cabo, fue alcanzado en el brazo y en la rodilla. Yo y el otro sargento de la sección nos pusimos a vendarle, pero también fuimos alcanzados, mi camarada bastante gravemente en el muslo, yo muy levemente en el brazo derecho. La bala, después de entrar en la manga, tuvo el buen gusto de salir inmediatamente, limitándose a quemarme la piel. Como el dolor era tan grande, al principio pensé que estaba gravemente herido. Pronto, sin embargo, me di cuenta de que no era nada. Más o menos en ese momento de mi peloton se apoderó una especie de pánico, causado, por lo que recuerdo, por los caballos que llevaban las ametralladoras. Habían cometido la gran insensatez de llevar las piezas hasta allí y trataron de colocarlas en la batería, lo cual, bajo semejante descarga, era casi imposible. Las bestias se asustaron y causaron estragos entre nosotros. Todavía me veo corriendo, de pie delante de dos caballos que intento esquivar y que, no sé por qué, aparecen extraordinariamente grandes en mi memoria. También recuerdo haber gritado: "¡Que no cunda el pánico! Sobre todo, ¡que no cunda el pánico, o estamos perdidos!". Entonces, por orden del teniente, corrimos hacia la derecha para llegar a un terraplén detrás del cual se habían refugiado las secciones vecinas. El teniente S… se había instalado, recostado, de espaldas al terraplén. Cuando pasé corriendo, me gritó que me tumbara en la zanja, delante de él. Seguí su excelente consejo.

¿Cuánto tiempo estuvimos en aquella zanja? ¿Cuántos minutos o cuántas horas? No lo sé. Estábamos apretados unos contra otros, hacinados. Como la artillería enemiga nos atacaba por el costado, por la derecha, el terraplén que se alzaba frente a nosotros sólo nos ofrecía un refugio ilusorio. Muchos hombres murieron o resultaron heridos. Durante un tiempo tuve a mi derecha a nuestro sargento mayor, un tipo rubio y corpulento, de trato amable y lenguaje áspero. Le habían disparado en la mano y tenía los dedos envueltos en una venda ensangrentada. La herida era leve. Al pobre lo mataron hacia el final del día; pero para entonces ya lo había perdido de vista. Estaba parcialmente tumbado sobre mi vecino izquierdo. Creo que nunca he detestado a nadie tanto como a este individuo, al que nunca había visto hasta aquel día, al que nunca volví a ver después y al que no reconocería si me lo encontrara. Tenía calambres en las piernas, sobre las que yo pesaba, y quería imperiosamente que me levantara para aliviarle, lo que habría significado exponerme tontamente a la muerte. A día de hoy me alegro de haberme negado, espero que ese hombre egoísta sufra a menudo de reumatismo. Delante de mí, junto a S..., estaba sentado el mariscal de mi compañía, con la espalda apoyada en el talud; se había puesto el petate sobre la cabeza para protegerse. Jadeaba cada vez que estallaba una granada. Algunos heridos gritaban. Uno de ellos suplicaba al coronel, suplicándole ayuda. Creo que estaba bastante tranquilo. El espíritu de curiosidad, que rara vez me abandona, no me había abandonado. Recuerdo que me di cuenta por primera vez de que el humo de las granadas de tiempo tiene un color ocre, a diferencia del de las granadas de percusión,

Figura 3. Cadáveres de soldados alemanes en una trinchera durante la batalla del Somme, en agosto de 1916.

que es negro. Pero la guerra me parecía una cosa muy fea. Pensé que los rostros de los hombres que esperan la muerte y la temen no son hermosos de mirar, y recordé vagamente algunas páginas de Tolstoi.

El coronel estaba a mi derecha con su ayudante. Con una rodilla en el suelo, intentaba mirar por encima de la pendiente. Estaba pálido e indeciso. Finalmente ordenó un salto hacia delante. Una pequeña parte del regimiento había avanzado más que el nuestro. Teníamos que alcanzarla. Dije 'ordenó', pero 'rogó' sería más exacto: "¡Vamos, muchachos, debemos avanzar! Vuestros camaradas están allí, delante de vosotros. Están disparando. No podéis dejarlos solos.

Suboficiales, den ejemplo". Fue duro abandonar nuestro talud; expliqué que nos protegía inadecuadamente, pero en aquel momento creíamos estar mejor protegidos de lo que realmente estábamos; teníamos fe en aquella trinchera improvisada, por miserable que fuera, y sentíamos una reticencia completamente instintiva a saltar de pie sobre un espacio abierto. Recuerdo que en aquel momento pensé con gran claridad: "Ya que el coronel lo quiere, tenemos que levantarnos y marchar hacia adelante. Pero se acabó, ya no hay esperanza. Me matarán". Nos levantamos y empezamos a correr. Grité: "¡Decimo octavo, adelante!". Llegamos a un camino que bordeaba una pequeña pendiente del terreno. Allí encontramos un pequeño grupo de soldados y nos detuvimos. A través de la escasa hierba que cubría la cima de la pendiente, se revelaba un amplio paisaje. Con una buena vista probablemente se podrían distinguir las posiciones enemigas. Los oficiales abrieron fuego. Me dolía demasiado el brazo como para manejar el fusil. Transmití las órdenes. Al fin y al cabo, los disparos, a gran distancia y sobre objetivos difíciles de ver, eran probablemente ineficaces. A mi lado, algunos hombres estaban heridos. El día llegaba a su fin. Ansiábamos el momento en que se extinguiera por completo, impidiendo el combate. La salva alemana disminuía poco a poco. Al mismo tiempo, nuestras propias piezas comenzaron a disparar. ¡Qué alegría oír granadas francesas dirigidas hacia el enemigo, en lugar de granadas alemanas, silbando sobre nosotros! Al caer la tarde, me atreví a salir del refugio de la ladera para alcanzar a uno de nuestros cabos que yacía gravemente herido unos metros más atrás. No pude hacer mucho por él. Al caer la noche, hice que dos de sus hombres lo llevaran a la ambulancia, pero no pudieron avanzar más y tuvieron que abandonarlo en la carretera. Con la llegada de la oscuridad, el regimiento retrocedió hasta la ladera de la que habíamos partido en nuestro último salto.

Allí pasamos la noche. De vez en cuando seguían silbando las balas. A eso de las diez, creo, las ametralladoras alemanas empezaron a disparar de nuevo, sin hacernos daño. Termino pronto. Teníamos hambre. Yo tenía una lata de sardinas; la abrí, comí un poco y ofrecí el resto. Hacía frío. Durante la campaña de verano no habíamos sentido tanto frío. Los heridos gritaban o jadeaban. Muchos pedían beber. Se organizó una corvea en busca de agua, que recorrió un largo camino sin encontrar nada. Su regreso causó alarma, y creo que algunos disparos. Además, durante la noche se vivieron muchos momentos angustiosos; recuerdo haberme levantado para hacer que nuestros hombres, reunidos a toda prisa, empuñaran las bayonetas y que, tras una noche en vela seguida de un duro día, quizá habrían resistido muy débilmente un ataque. Un olor a sangre permanecía en el aire. A pesar de ese hedor dulzón, a pesar de los gritos y gemidos, a pesar de los temores, dormí durante unas horas, tumbado en un atardecer.

Poco antes del amanecer llegó la orden de retirada. Volvimos a la hondonada donde la víspera había transcurrido la hora del combate. El coronel comandante de la brigada pasó a caballo. Nos felicitó al grito de "¡Viva la 272!" y nos informó de que los alemanes se estaban retirando. Como no teníamos comida, ordenó al teniente, que actuaba como comandante de la compañía en lugar del capitán herido, que mandara matar una vaca y una oveja de los rebaños que, sin pastores, dispersos y probablemente asustados, pastaban en la colina detrás de nosotros. Estas víctimas inocentes fueron ejecutadas a golpes de revólver. Por la mañana fui a visitar las ambulancias, donde me llamó un herido. Vi heridas espantosas y rostros agonizantes. Los heridos no gritaban, como el día anterior en el campo de batalla; no gemían mucho, sus rostros expresaban más cansancio que sufrimiento.

Incluso ante tantos espectáculos crueles, no parecía estar triste aquella mañana del 11 de septiembre. Desde luego, no tenía ganas de reír. Estaba triste, pero de esa serenidad sin melancolía a la que se puede apegar fácilmente un alma contenta. Creo que mis camaradas eran como yo. En mi memoria encuentro sus rostros serenos y contentos. ¿Contentos de qué? Pues felices sobre todo de vivir. Contemplé, no sin un secreto placer, mi cantimplora abierta por un gran tajo, mi abrigo agujereado por balas que no me habían herido, palpé mi brazo, dolorido pero, al fin y al cabo intacto. Después de las grandes masacres, la vida parece dulce, a no ser que se trate de un duelo particularmente doloroso. Que aquellos que lo deseen se indignen ante tal satisfacción egoísta. Tales sentimientos están tanto más sólidamente arraigados en el alma cuanto más suelen permanecer en parte por debajo del nivel de la conciencia. Pero nuestro feliz estado de ánimo también tenía, sobre todo, orígenes más nobles. La victoria, que nos anunció lacónicamente el coronel que pasaba al trote, me exaltó. Si me hubiera retraído, habría sentido cierta ansiedad. Los alemanes retrocedían frente a nosotros. ¿Sabía yo si no avanzaban por otra parte? Afortunadamente, mis pensamientos eran vagos. La falta de sueño, los esfuerzos de la marcha y la lucha, las emociones habían puesto a prueba mi cerebro. Pero sentía con fuerza. Comprendía poco de la batalla. Fue "la victoria del Marne". No habría podido darle un nombre. ¿Qué importaba? Era la victoria. La mala suerte que parecía pesar sobre nosotros desde el principio de la campaña había sido ahuyentada. La alegría hizo latir más rápido mi corazón aquella mañana en el pequeño valle de Champagne, reseco y devastado.

II

La mañana del 11 de septiembre la pasamos haciendo un balance de nuestras pérdidas. El regimiento no tenía coronel; el 5º batallón, el mío, no tenía comandante. En la 13ª compañía ya no teníamos capitán. Por suerte, estos tres oficiales solo estaban heridos. El comandante del 6º batallón tomó el mando del regimiento. De los cuatro capitanes del 5º batallón, dos habían resultado heridos y el tercero había muerto; el único que quedaba en condiciones asumió el mando del batallón, de modo que nuestras cuatro compañías quedaron bajo las órdenes de tenientes, la mayoría de los cuales (y el nuestro entre los primeros) obtuvieron un ascenso.

A las once de la mañana partimos. Tomamos la misma dirección que el día anterior, pero doblando a la derecha. Cruzamos una esquina del campo de batalla. Equipos de soldados estaban recogiendo a los últimos heridos, franceses y alemanes, y enterrando a los muertos. Todavía quedaban muchos cadáveres en el suelo. Pobres cuerpos caídos en medio del agotamiento, con los músculos contraídos como en un último esfuerzo. Los muertos de las grandes batallas no conocen la majestad del descanso eterno. Un olor nauseabundo me revolvió el estómago. El suelo estaba cubierto de restos de todo tipo, armas, equipos, fragmentos humanos. Vi una pierna que, desprendida del cuerpo que había arrancado y arrojado lejos, yacía aislada y casi ridícula de horror. Pasamos rápidamente. Finalmente, dejamos atrás aquellos lugares de muerte.

La marcha, aunque no demasiado larga, parecía dura. Fuimos, a través de los tristes valles de Champagne, con las piernas cansadas, pero con el corazón contento. Era la persecución. Las cestas llenas de granadas abandonadas en los emplazamientos de las baterías alemanas, las trincheras vacías que había que sortear, las ruedas de los carros, las bicicletas tiradas a los lados de los caminos e incluso en las calzadas profundas que obstruían nuestros pasos, todo nos hablaba de la retirada del enemigo y casi de su ruta. A la entrada del pueblo de Blacy, durante una parada, unas granadas que caían en el pico cercano nos recordaron su artillería. Dormimos en una granja cerca de Blacy. Todo el batallón estaba alojado en un granero, y era necesario apretujar a los unos a lo largo, a los otros a lo ancho, para ocupar el menor espacio posible. Los alemanes habían ocupado el mismo alojamiento el día anterior. La paja olía a absenta. Al darle la vuelta vimos algunas botellas medio vacías.

Aquella hojarasca maloliente no saludó a nuestros cansados miembros durante mucho tiempo. El 12 de septiembre, a las cuatro y cuarto de la madrugada, en plena noche, reanudamos nuestro viaje para enfrentarnos a una etapa terrible. De hecho, corríamos detrás de los alemanes. A los lados de las carreteras sus hogueras seguían encendidas. Durante las breves paradas, deambulábamos entre sus campamentos. ¡Qué divertido era desenterrar un montón de objetos dispares! Recuerdo que en un campamento encontré incluso un violín. Nos reímos mucho. Por la mañana, con tiempo despejado, cruzamos el valle del Marne. Sus pueblos blancos y sus calles sombreadas, sucediendo a las tristes soledades de las mesetas de Champaña, encantaron nuestros ojos. En la cuneta junto a una hermosa carretera, bajo los álamos del terraplén, yacían un cazador y su caballo, cubiertos de sangre. En la orilla derecha encontramos la meseta, sus amplias ondulaciones cubiertas de hierbas raras, sus bosques ralos, la monotonía de sus vastos horizontes. A lo largo del camino coloreado de tiza, la brigada se desplegaba en una columna interminable. Se avecinaba una tormenta en el cielo nublado. Hacía calor. Y teníamos sed. Durante la parada principal me tiré al suelo, exhausto. Sin embargo, conservo un buen recuerdo de aquel duro día. Fue la persecución.

En un cruce nos encontramos con un pequeño grupo de campesinos, rehenes que acababan de ser liberados por los alemanes. Dios, ¡qué felices eran aquellas pobres gentes! Más adelante, hacia el atardecer, dejamos la carretera principal, giramos a la izquierda a través de los campos en formación de combate. Nos dirigíamos así hacia el pueblo de Somme-Yevre, que nuestros comandantes creían aún ocupado por una división de caballería alemana. Empezó a llover. Un barro grasiento se pegaba a las botas. Los hombres refunfuñaban. Probablemente la lucha habría disipado su mal humor, pero no hubo lucha. Cerca del pueblo nos enteramos de que los alemanes lo habían abandonado, creo que a las dos de la tarde. Somme-Yevre estaba casi desierto. Fue necesario acampar por la noche. Nos alojaron en casas abandonadas. Antes que nosotros, los alemanes las habían habitado. Se podían reconocer sus huellas habituales. El destino favoreció a mi sección. No tuvimos, como tantos de nuestros compañeros, que limpiar los excrementos de nuestros enemigos. Pero, antes de instalarnos, tuvimos que volver a guardar en los armarios la ropa blanca que habían sacado y esparcido por toda la casa. Necesitábamos comer. Se mataron ovejas. A cada sección le tocó una. No sé cómo, pero en la 4ª nos dieron dos. A la mísera luz de unas pocas lámparas, nuestros cocineros las despellejaron sobre la mesa del comedor, un espectáculo sangriento, bárbaros preparativos para un festín que, lo confieso, pareció bastante agradable a mi estómago hambriento.

Permanecimos en Somme-Yevre la mayor parte del día siguiente. Leí una novela de terror, titulada *Les mystères de l'Inquisition*, que había cogido en una esquina. Tropas de todas las armas atravesaban el pueblo, como un torrente interminable. Un coronel de coraceros pidió un trozo de pan a uno de nuestros hombres. Hacia las cuatro, nuestro regimiento se puso de nuevo en marcha. Al borde de la carretera había cadáveres alemanes. La marcha continuó durante la noche. Yo estaba cansado y me dolían los pies. Los hombres estaban agotados. Avanzaba penosamente, con la espalda encorvada, pidiendo fervientemente el próximo alto horario, cuando un caballo escapado causó una alarma absurda en nuestra columna. Pensé en la llegada de los Ulans. Nuestros soldados se lanzaron fuera del camino. El subteniente que mandaba nuestra sección fue arrojado a la cuneta. Yo mismo fui arrastrado a los campos como por un empujón tanto más irresistible cuanto que me sorprendió bruscamente. Tuve que reunir a los hombres lo mejor que pude y hacerles calar la bayoneta, más para tranquilizarlos y, sobre todo, para evitar que dispararan alocadamente y se hirieran entre ellos que para enfrentarme a un peligro en el que creía poco. Ya había sonado un disparo. Al final, nos recompusimos. Fue un incidente desafortunado, que no nos gustaba recordar después. Por la noche llegamos al pueblo de Élise-Daucourt, donde nos detuvimos a dormir.

De los tres días siguientes -14, 15 y 16 de septiembre- tengo un recuerdo confuso y desagradable. Los pasamos en los alrededores de Sainte-Menehould. Caminamos muy poco. A menudo nos quedábamos quietos en los campos, vigilando las baterías de artillería o simplemente esperando órdenes. Por las noches volvíamos tarde a nuestros alojamientos; no solíamos tener más que una pequeña candela para iluminar todo un granero, y teníamos que apañárnoslas. El tiempo era malo, las lluvias frecuentes. Durante las largas paradas construíamos torpemente, siendo muy inexpertos, refugios de hojas que nos protegían poco. La humedad empapaba nuestra ropa. Los caminos, que habían sido rotos cuatro veces, primero por nuestro ejército en retirada, luego por los alemanes victoriosos, después por su retirada y finalmente por nuestras vanguardias lanzadas en persecución del enemigo, no eran más que un gran lodazal. Estaba cansado; tenía ataques de fiebre. El entusiasmo de la victoria había decaído. Ya no avanzábamos. Oíamos cañonazos, a menudo muy fuertes. Pasábamos largas horas escuchándolos, inmóviles, sin saber nada de lo que ocurría a nuestro alrededor y esperando quién sabe qué.

El 16 de septiembre, estábamos de guardia desde por la mañana en una batería, en un valle estrecho, bajo la lluvia. Hacia las tres de la tarde, el regimiento recibió la orden de anclar para unirse a las tropas que defendían el bosque de Hauzy. Este bosque, con ralos sotos y pequeños bosquecillos, ocupa el punto más alto de la loma que separa el Aisne y el Tourbe al sur de su confluencia. Está atravesado por el ferrocarril Sainte-Menehould-Vouziers, siguiendo el cual penetramos en el bosque. No sé qué imprudencia se cometió, los detalles se me escapan, pero lo que recuerdo muy bien es que fuimos avistados por los cañones alemanes. Todavía puedo vernos corriendo por el terraplén, tropezando con las traviesas, al sonido de las granadas. Los alemanes disparaban mal. Ninguno de nosotros fue alcanzado.

Los recuerdos que conservo de esta primera estancia en el bosque de Hauzy son sobre todo de carácter meteorológico. Nuestra compañía estaba todavía en reserva, en medio del bosque, cerca de un paso a nivel. Las granadas caían copiosamente mientras el enemigo

Figura 4. Bosques completamente devastados en Ypres. Soldados australianos durante la tercera batalla homónima. Fotografía fechada el 29 de octubre de 1917. Autor: Frank Hurley.

intentaba dirigir sus disparos contra la vía férrea. El día 17, nos sorprendió en gran medida ver llegar a nuestras líneas a un civil, desconocido para nosotros; parecía no tener uso de la palabra y su gesto expresaba una emoción muy fuerte. Era el conductor del carro que nos traía el pan. Una granada había caído muy cerca de él, matando a seis soldados que estaban comiendo un bocado. El pobre hombre había huido asustado, abandonando carreta y caballo. Afortunadamente, el soldado de infantería de que le acompañaba tenía más sangre fría y se quedó a custodiar nuestro pan de: sin él, nuestros camaradas de los regimientos coloniales que vigilaban el bosque con nosotros habrían habrían hecho una limpieza a fondo. Ninguno de nosotros resultó herido. Además, no eran las granadas lo que nos preocupaba. Era sólo la lluvia lo que nos preocupaba. Nubes inagotables caían sobre el bosque en un torrente de agua casi incesante. El suelo arcilloso retenía el agua en la superficie. Nuestras trincheras eran arroyos, los caminos forestales lagos de barro, las zanjas que los bordeaban torrentes de olas amarillentas. Cuando la lluvia cesaba unos instantes, encendíamos inmediatamente hogueras; calentábamos nuestros abrigos y zapatos para que se secaran. Las noches eran frescas. ¡Adiós, hermosas noches de agosto, tan propicias para dormir bajo las estrellas! Se acercaba el otoño, que traía consigo la crudeza de los primeros fríos. Habíamos construido refugios de ramas de árbol con mano torpe. Las paredes, finas y desiguales, dejaban pasar la lluvia. Recuerdo horribles despertares helados. También recuerdo una noche -la del 17 al 18- que fue inusualmente seca. Yo estaba de guardia en la vía férrea, con la primera media sección que comandaba. El cielo estaba muy despejado, el viento soplaba del norte. No quería tener el abrigo empapado por la lluvia del día, así que lo puse en el suelo y me quedé con la chaqueta; no me atrevía a tumbarme en el suelo por miedo a resfriarme; pasé toda la noche de pie; tenía la sensación de estar desnudo en un baño helado. En los meses siguientes experimentaríamos temperaturas más frías y una humedad aún más penetrante. Me resulta difícil comprender hoy cómo pudimos sufrir tanto en aquel maldito bosque de Hauzy. Sin embargo, hay un doblez. Éramos muy inexpertos. Estábamos malnutridos, ya que los suministros funcionaban muy imperfectamente en aquella época. Sobre todo, seguíamos vestidos como al principio, sin camisas, mantas, impermeables, estábamos mal equipados, como sureños bruscamente transportados por las heladas del norte.

El 20 de septiembre, hacia el anochecer, el 328º vino a relevarnos. Nos fuimos a dormir a La Neuville-au-Pont. Leí en mi cuaderno, en esta fecha: "Un granero, ¡qué delicia!".

La Neuville-au-Pont siguió siendo nuestra base del 21 de septiembre al 1 de octubre. Después, como veremos, volvimos allí a menudo. Se trata de un pueblo bastante grande, donde se asentó el cuartel general del Segundo Cuerpo durante su estancia en Argonne, y que está atravesado por el Aisne. La estación, a la que se accede a través de una avenida sombreada por hermosos árboles, está situada en la orilla izquierda, pero la mayor parte del caserío ocupa los pendientes bastante escarpadas de la orilla derecha. Desde el callejón donde siempre vivimos, bajábamos a la orilla del río por un camino pequeño, empinado e increíblemente resbaladizo entre matorrales ralos. Lo tomábamos para ir a lavarnos cuando teníamos tiempo. A veces seguía el cauce río abajo mientras se deslizaba entre los troncos, ahora muy bajo y ahora crecido hasta el punto de casi inundar las orillas, dependiendo de si las esclusas río arriba estaban bajadas o abiertas. La iglesia, que se alza en la plaza principal, es antigua y, en sus partes esenciales, se remonta a la edad de oro del gótico. Su planta es sencilla, sin transeptos. La nave, coronada por dos campanarios cuadrados, descansa sólidamente sobre dos naves laterales. El empuje de las bóvedas está sostenido en el exterior por contrafuertes, que los maestros albañiles locales preferían a los arbotantes, más ligeros pero más difíciles de construir. Sobria, robusta, un poco achaparrada, es sin duda una iglesia rústica. Sin embargo, tiene algo de elegante: la portada oeste, decididamente gótica, las portadas norte y sur, en las que aparece el Renacimiento, las tres ricamente decoradas pero sin excesos, encantan por su finura y vigorosa ligereza. Recuerdo, no sin emoción, la iglesia de La Neuville. Más de una vez, de regreso de las trincheras, he asistido a los oficios celebrados allí por los hombres del 272º, caídos ante el enemigo. Puedo verla, la modesta nave, las bóvedas encaladas, los macizos bancos de madera en los que los soldados se sentaban en apretadas filas, los rostros graves de mis compatriotas, sus actitudes cansadas y algo somnolientas, porque era por la mañana y teníamos mucha necesidad de dormir, habiendo dormido poco las noches anteriores en el frente. Siempre creí que cumplía con un deber piadoso al conmemorar a nuestros muertos. ¿Qué me importaban a mí los rituales?

Del 21 de septiembre al 1 de octubre nos movimos mucho, sin hacer gran cosa. Normalmente dormíamos en La Neu ville-au-Pont. Excepcionalmente, pasamos las dos noches del 24 y el 25 más cerca del enemigo, en la granja Moulinet. Nos dedicamos a cavar trincheras de reserva, a mantener posiciones detrás de la línea de fuego, a vigilar los puestos de observación de los generales. A veces también estábamos de guardia en La Neuville. Nunca sabíamos la víspera lo que íbamos a hacer al día siguiente. La mayoría de las veces las órdenes llegaban en mitad de la noche. Por la tarde, nunca sabíamos cuál sería nuestro alojamiento nocturno. Salíamos temprano por la mañana. Volvíamos tarde, cuando ya estaba completamente oscuro. Teníamos que esperar mucho tiempo por nuestra ración antes de poder llegar a nuestra cama de paja. Era una vida agotadora y al mismo tiempo casi inerte. Descansamos dos veces: el 23 y el 26. El 23 leo en mi cuaderno: "Día de descanso en el campamento", es decir, en La Neuville-au-Pont; sol, limpieza de la gruesa costra de barro que nos cubría (desde que habíamos vuelto de ese cenagal que es el bosque de Hauzy aún no habíamos podido limpiarnos en serio), cartas, conejo; un encanto un tanto triste de este descanso. A menudo estábamos ociosos incluso fuera de estos períodos oficiales de descanso. Yo no tenía ni libros ni periódicos; sólo mucho más tarde en La Neuville empezaron a vender periódicos. No sabía casi nada de lo que ocurría en los diferentes frentes de batalla, excepto a través de algunas cartas. Esta ignorancia me molestaba y me preocupaba. Sin embargo, no hay que creer que estos días uniformes y vacíos sólo me dejaron recuerdos vívidos. Dependiendo de las condiciones meteorológicas, tan cambiantes como en los primeros días del otoño, pero por lo general bastante clementes, dependiendo de las cartas recibidas con alegría o esperadas con impaciencia, dependiendo de esas misteriosas disposiciones del espíritu y del cuerpo que hacen que cosas similares nos afecten de manera diferente en momentos distintos, las horas fluían bastante dulces, o tristes y lentas. Recuerdo paradas en el campo que parecían agradables. La hierba y los bosques empezaban a congelarse. El sol calentaba, la sombra refrescaba. Encendíamos hogueras con leña. El viento arrastraba el humo, su olor rústico era bueno para respirar… Aunque en conjunto monótona, nuestra vida no estaba del todo exenta de peligros. Nos sucedieron dos malos episodios.

El 24 de septiembre, nuestra compañía se dividió. El primer pelotón fue a ocupar trincheras de reserva. El segundo pelotón, en el que yo servía, se quedó todo el día detrás de un pequeño bosque muy cerca de la trinchera de Moulinet donde habíamos dormido. Hacía buen tiempo. Era agradable tumbarse en las laderas cubiertas de hierba. Al anochecer, volvimos a la granja, donde nos reunimos con nuestros camaradas, y nos enteramos de que un obús había caído sobre la 2ª sección cuando se disponía a abandonar las trincheras, matando a tres personas: un herido en estado grave, que de hecho murió durante la noche, y dos muertos, entre ellos nuestro sargento mayor, que había sido ascendido sólo dos días antes. Fueron enterrados a altas horas de la noche en la linde de un bosque cercano. Los sepultureros les encendieron velas. La 2ª sección presentó sus respetos. Cuando bajaron los cuerpos a la tumba, el comandante del batallón pronunció unas palabras de despedida. Nos dijo que los que acababan de ser enterrados habían encontrado una muerte gloriosa y que a todos nos esperaba una muerte similar.

El 29 por la tarde, mientras cavábamos trincheras en una colina bajo un sol radiante, nos sobrevoló un avión enemigo. Después de todo, ¿qué necesidad había de un avión? Con unos buenos prismáticos desde sus líneas los alemanes podían vernos cavando la tierra. Era una posición en la que sólo tendríamos que trabajar de noche. Poco después de las tres, a unos ciento cincuenta metros delante de nosotros, estalló una granada, una gran bomba que hizo una enorme humareda negra. Al cabo de unos minutos, llegó un segundo proyectil, silbando ruidosamente. Cayó justo sobre una trinchera que acabábamos de construir y donde algunos hombres habían buscado refugio. Por orden del teniente, nuestra sección retrocedió detrás de la cima sin demasiado desorden, mientras el resto de la compañía corría hacia la derecha, adentrándose en un bosque. Los proyectiles seguían golpeando el terreno que habíamos dejado atrás, aunque los disparos se producían a intervalos bastante largos. Allí arriba habíamos dejado a algunos de nuestros compañeros, no sabíamos si muertos o heridos. Un herido se nos unió. Pero aún no estábamos completos. El teniente y yo discutíamos sobre quién debía volver arriba. Él lo empujó. Me vi obligado a obedecerle. Sin embargo, mi obediencia no era tan absoluta como debería haber sido. Tras enviar al pelotón al pie de la colina, llegué a mi vez al lugar del desastre. El teniente había encontrado a dos hombres tendidos en el suelo, inmóviles. Creyendo que ambos habían muerto, dijo al comandante del batallón que avanzaba seguido de sus camilleros: "Tengo dos muertos". Pero uno de los dos cadáveres se levantó bruscamente y gritó: "¡No estoy muerto!". Sólo estaba herido, y no de gravedad. El otro, por desgracia (un minero del Pas-de-Calais, padre de cuatro hijos), sí estaba muerto. El teniente y yo bajamos al pelotón.

Habían dejado herramientas y equipaje cerca de las trincheras que habían sido cavadas por la mitad. Fue necesario enviar hombres a buscarlos. Los proyectiles llovían con más intensidad. La artillería enemiga había ampliado su fuego y ahora alcanzaba la carretera que discurría al pie de la colina y en la que nos habíamos refugiado. Nos vimos obligados a refugiarnos en un bosque. Habíamos perdido a nuestra compañía. Tuvimos algunas dificultades para reunirnos con ella. Finalmente descubrimos dónde estaba. El capitán consiguió hacernos llegar sus órdenes. Después de un largo viaje por caminos difíciles, donde la llegada del crepúsculo hacía el camino especialmente incómodo, llegamos al regimiento. El 272º seguía bajo las órdenes del mismo comandante de batallón que había tomado el relevo del coronel en la mañana del 1 de septiembre. No tengo intención de ser demasiado duro con la memoria de este oficial que tuvo una buena muerte. Murió en noviembre a consecuencia de la herida que recibió durante un ataque realizado al frente de sus compañías en la Gruerie. Pero no desprecio a ninguno de los que le conocieron diciendo que le faltaba equilibrio mental. Aquella noche se comportó muy tontamente. Nos acusó de abandonar nuestro puesto y tuvo la mala idea de montarle una escena pública a nuestro teniente, en la calle, delante del pelotón. Los hombres estaban exasperados. Fue un triste final para un día triste.

El 1 de octubre, primer día del curso escolar, partimos hacia el bosque de Hauzy, en el que entramos bajo la brillante luz de la luna. Nuestra compañía estaba de nuevo en reclusión. Hasta la tarde del día 4 ocupamos agujeros estrechos pero casi impermeables cerca del borde occidental. Estos tres días transcurrieron sin incidentes. Todo el mundo empezaba a darse cuenta de que nos esperaba un invierno de guerra. Se habían distribuido los primeros jerséis.

Pasamos los días 5 y 6 en La Neuville. El martes 7, mi sección, que vigilaba la carretera hacia el sur, fue relevada por soldados territoriales. Por primera vez, vimos llegar a estos hermanos mayores tan cerca del frente. Una corta marcha nos condujo a Florent-en-Argonne, donde permanecimos hasta el día 11. Guardo un recuerdo muy agradable de esta estancia. Florent es un lugar encantador. Grandes árboles, cuyo follaje, cuando los vi por primera vez, ya estaba coloreado de amarillo y rojo, cubren con su sombra el amplio espacio abierto de la iglesia. Extensos manzanos rodean el paisaje. Detrás de este cinturón de huertos están los bosques, densos sobre todo hacia el norte. Hacia el sur hay un valle escarpado, donde brotan claros manantiales a través de la hierba al pie de los montes bajos. Por las mañanas íbamos a lavarnos a esos frescos manantiales. En Florent llevábamos una vida de noctámbulos. De día dormíamos en el jardín, o hacíamos alguna de las miles de tareas, o paseábamos por el pueblo, agotados. En las casas veía hermosos muebles rústicos de madera de Argonne. Por la noche, íbamos hacia el norte a través del bosque, cavando trincheras y al borde de un claro, en la carretera de La Placardelle: los hombres trabajaban bajo la supervisión de los licenciados en ingeniería. Como sargento de infantería, no tenía casi nada que hacer. Aun así, no me aburría. Paseaba por las calles, descansaba de vez en cuando en cuenado, charlaba con algunos de mis camaradas, fantaseaba, disfrutaba de los pálidos destellos nocturnos en la espesura de los arbustos y en los campos, disfrutaba de la paz y la tranquilidad nocturnas, ocasionalmente perturbadas por el estallido ocasional de un obús en nuestra calle o un disparo lejano. A pesar de estos ruidos de guerra, en general era una vida pacífica y rústica, reminiscente de lo que habíamos conocido en los primeros días del conflicto, en el Mosa. No duró mucho. El día 11 por la noche partimos hacia las trincheras del bosque de Gruerie.

III

Salimos de Florent al anochecer. Dormimos en la aldea de La Placardelle, en un gran granero lleno de forraje. El alojamiento me pareció inseguro. La Placardelle era un depósito de granadas. La bomba más pequeña, al caer sobre nuestro heno, nos habría asado a todos sin darnos tiempo a decir nada. Partimos al amanecer. A la luz del amanecer, al descender de la escarpada ladera que cierra la meseta de La Placardelle por el norte, vimos por primera vez ese bonito valle de La Harazée que iba a resultar tan familiar a nuestros ojos. Desenrolla la larga cinta sinuosa de sus prados entre colinas cubiertas casi por completo de bosques. Detrás de las casas de La Harazée, a la derecha, en una empinada ladera, se encontraba el bosque de Gruerie. Tras un descanso de unas horas, recorrimos carreteras horrendas, montaño-

Figura 5. Nido de ametralladoras francés durante la segunda batalla del Marne, 1918.

sas y resbaladizas.

Tomamos el relevo de la 128ª. Mi compañía se dispuso a ambos lados de un camino que conducía hacia el enemigo. Una sección, designada como reserva, se detuvo justo al borde del camino, detrás de la primera línea; el capitán permaneció con ella. Las otras tres secciones avanzaron, mientras que la 4ª (a la que yo pertenecía) ocupaba la derecha. Llegamos a nuestras posiciones bajo los obuses. Nos apoyamos en las trincheras. Nos decepcionó encontrar sólo fosos para francotiradores, aislados unos de otros, tan estrechos que en cada uno sólo cabían dos hombres, tan poco profundos que era necesario tumbarse casi en horizontal para cubrirse. Los que nos habían precedido no habían tenido que gastarse la piel de las manos en los mangos de sus herramientas.

Nos acomodamos lo mejor que pudimos y nos pusimos manos a la obra para mejorar un poco nuestra posición. Los alemanes estaban delante de nosotros, probablemente bastante cerca. ¿A qué distancia? No sabría decirlo. El bosque nos los ocultaba, aún frondoso aunque empezaba a amarillear.

La tarde era tranquila. Tumbado en mi agujero, leía una novela. Me la había prestado un camarada que la había robado de la biblioteca escolar de La Neuville-au-Pont. Olvidé el nombre del autor y perdí todo recuerdo de la trama. Me temo que era una obra bastante aburrida. Llegó la noche, trayendo consigo la angustia que la proximidad de la oscuridad no puede dejar de suscitar en el corazón de los soldados inexpertos que, por primera vez, se encuentran muy cerca del enemigo, sobre todo si están situados, como nosotros, en medio de un bosque. La espesura del bosque hacía más negra la oscuridad. En el bosque, la noche no es silenciosa. El susurro de las ramas, el leve crujido de las hojas secas arrojadas al suelo por el viento, a veces el sonido de las alas y las patas, toda esta música de las sombras, tenue pero incesante, nos inquietaba. Temíamos no oír a tiempo a los alemanes si se acercaban. Si hubiéramos sido inteligentes, habríamos podido esperar en paz a que amaneciera . Los alemanes, me doy cuenta hoy, no tenían ninguna intención de atacarnos esa noche. De vez en cuando, sin salir de sus trincheras, disparaban algunos tiros de fusil, como hacían siempre, más para mantenerse despiertos que con la esperanza de alcanzarnos. Lamento decir que nos comportamos de una manera totalmente insensata. Nos tomamos en serio aquellas manifestaciones completamente inofensivas y respondimos con un furibundo tiroteo. Por supuesto, ellos a su vez respondieron, aunque débilmente y sin convicción. Empezamos aún más fuerte. Nadie apuntó. Si nuestros disparos alcanzaron a alguien, probablemente fue sólo a unos cuantos silenciosos empleados de la retaguardia, varios kilómetros más allá de la línea del frente alemán, ya que disparábamos demasiado alto. Además, los que estaban delante de nosotros no eran más hábiles ni estaban más alerta que nosotros. La noche transcurrió casi toda en medio de un estruendo infernal: detonaciones, silbidos de balas, órdenes de "¡fuego!". El único resultado de todo este alboroto fue impedirnos dormir, mientras que, estableciendo turnos de guardia, habría sido fácil proporcionar a cada uno de nosotros unas horas de descanso. La luz de la luna que llegaba hacia medianoche nos permitía ver hacia delante a través del bosque y, tranquilizándonos con su luz 1a, nos devolvía algo de calma. Sin embargo, hasta el amanecer no dejamos de gastar cartuchos. Fue nuestra primera noche en las trincheras. No la pongo como ejemplo. El capitán nos mandó decir que, en el futuro, fuéramos menos pródigos con la munición.

Al día siguiente, era 13 de octubre, la sección que había estado en reserva hasta entonces vino a relevarnos y nos hicimos cargo hasta el día siguiente. Nos alojaron en cabañas construidas con ramas todavía frondosas, en un claro, cerca del camino; se había echado algo de tierra sobre los tejados y las paredes y se había cavado un poco el suelo; no obstante, eran refugios muy modestos.

Lo que siempre daba sabor al bosque de Gruerie, incluso en los momentos más tranquilos, eran las balas perdidas, generalmente alemanas, a veces francesas; nunca dejaban de silbar entre los árboles, amenazando a cada paso a quien pasara por allí. Su música se nos hizo tan familiar que pronto dejamos de prestarle atención. Las horas más perdidas eran las posteriores a la puesta de sol. Siempre había un ataque en algún lugar del bosque y llovía a cántaros. El claro donde acampamos la tarde del día 13 estaba especialmente expuesto. De pie en el suelo de mi barracón, junto al sargento de la 2ª media sección, F..., que lo compartía conmigo, escuchaba el enjambre de balas que pasaba sobre nosotros mientras atravesaba fácilmente nuestras finas barreras.

Hacia el mediodía del día 14, volvimos a la primera línea, esta vez a la izquierda de la compañía. No volveríamos a abandonar esta posición hasta el 17, día en que salimos del bosque. Se suponía que nos relevarían antes, pero las circunstancias, como verán, hicieron imposible cualquier movimiento de tropas durante dos días. La sección estaba dispuesta así: a la derecha, alrededor del camino, el 2º medio pelotón (15º y 16º escuadrones) escoltando una ametralladora. Unos metros más atrás, en una cabaña, justo en el camino, el subteniente comandante de sección. A continuación, a la izquierda, en una pendiente que descendía hacia el barranco de Saint-Hubert, la 1ª media sección bajo mi mando, distribuida en dos trincheras: una ocupada por la 13ª escuadra, la otra -la más a la izquierda- por la 14ª escuadra con la que me alojaba. Entre las trincheras de la 2ª media sección y las de la 13ª escuadra, entre la trinchera de la 13ª escuadra y mi trinchera, había 30-40 metros de bosque, sin ninguna defensa. A mi izquierda, más o menos a la misma distancia, estaba la primera trinchera de la compañía vecina, que era la 20ª. De una trinchera a la siguiente, ningún cambio en las comunicaciones. Para transmitir órdenes o informes, para traer municiones o alimentos, había que moverse a campo abierto, expuesto al fuego enemigo y a veces a su vista. Los alemanes estaban muy cerca, a apenas 50 metros. Las trincheras en sí, ¡en qué estado las encontramos! La mía era una especie de trinchera estrecha, casi a ras de suelo, completamente recta, sin protecciones contra astillas, de modo que los fragmentos de una bomba que estallara en un extremo podían alcanzar el extremo opuesto, tan poco profunda que incluso en los mejores lugares había que agacharse para cubrirse. A la izquierda, los que nos habían abandonado habían cavado tan poco que al principio nos vimos obligados a renunciar a ocupar esa parte de la trinchera. Poco a poco, a medida que avanzábamos en el trabajo de excavación que habíamos emprendido, nos fuimos extendiendo en esa dirección. Luchamos mucho, sobre todo los primeros días, para hacer nuestro agujero más seguro y cómodo. Pero sólo disponíamos de herramientas manuales con las que no se puede hacer gran cosa. Además, la proximidad del enemigo y el pequeño tamaño de nuestras fuerzas no nos permitían embarcarnos en grandes obras. Un día recibí la orden de hacer construir un refugio, detrás, en el bosque. Fui a elegir el lugar, llevando conmigo a dos hombres que se pusieron a trabajar. Acababan de empezar cuando una metralla estalló entre las ramas, muy cerca de nosotros. Podría haber sido un accidente. Prohibí a los obreros que dejaran de trabajar. Al cabo de unos minutos, la metralla cayó cerca de nosotros. Evidentemente nos había localizado. De continuar, nos habríamos matado en vano. Regresamos. Unos días más tarde regresé. Los alemanes, ignorando que habíamos abandonado el lugar, habían continuado atacándolo incluso después de nuestra partida. En lugar de un bosque, era sólo un claro. Para proteger la parte delantera de nuestras trincheras y bloquear los espacios que las separaban, nos dieron alambre. Aún no teníamos alambre de espino americano. Sólo teníamos alambre liso, sin púas, como el que se usaba en el campo para colgar campanillas o sujetar espalderas. Nombré a dos hombres para colocarlo. La tarea no estaba exenta de peligros. No se alegraron de haber sido elegidos; pero cuando estuvo hecho se sintieron muy orgullosos, recordaban con gusto este episodio. Además, lo hicieron lo mejor que pudieron. Yo les acompañaba, rifle en mano y bala en el cañón, listo para disparar si por casualidad nos encontrábamos con un alemán al doblar un recodo del bosque. También recuerdo haber fijado al alambre algunos botes de conserva vacíos y haber colocado otros en el suelo delante de nosotros, con la esperanza de que el enemigo chocara con ellos con los pies y se descubriera por el ruido. Esos malditos botes nos daban una excitación innecesaria. El viento o la caída de una rama de un árbol cercano a veces los hacían sonar y, con la mano apretada en el fusil, nos decíamos: "¡Ahí va el enemigo!".

Los tres primeros días en esta trinchera transcurrieron bastante tranquilos y uniformes. Por la mañana, poco después del amanecer, salía a hacer mi informe al teniente, y luego, por segunda vez, a supervisar la distribución de los suministros. Estábamos extrañamente despreocupados. Una mañana, F... y yo nos quedamos fuera de las trincheras, cerca del camino, discutiendo un asunto espinoso: habíamos recibido media ración extra de pan, pero ¿a cuál de las dos secciones debía asignarse? Creo que en un momento levantamos la voz; el caso es que los alemanes nos enviaron una andanada de disparos de fusil. Cada uno huyó por su lado. Yo tenía el pan. Se quedó conmigo. Las noches me dejaron un recuerdo más negro que los días. Nos habíamos vuelto razonables. Ya casi no daba órdenes disparatadas. Sin embargo, dormía poco. Pasaba largas horas espiando los sonidos del bosque. En la trinchera siempre tenía un hombre de guardia para avisarme a la menor alarma. Cuando no estaba a mi lado, la información que pretendía darme la transmitía en voz baja, de boca a boca. Si el soldado de guardia estaba un poco nervioso, a veces recibía comunicaciones extrañas. Las había extraordinariamente precisas, como ésta: "Sargento, ¡a las doce metros están esos!". (En realidad, "esos" no se habían movido de sus agujeros). Otras, en cambio, eran demasiado vagas: "Sargento, se oye un ruido". Pregunté: "¿Qué ruido? y ¿dónde?". No obtuve respuesta. Las noches eran muy oscuras. Los ojos eran inútiles. Sólo podíamos confiar en nuestros oídos para evitar sorpresas. Aprendí a distinguir los sonidos que componen el gran murmullo de la noche, el tap-tap de las gotas de lluvia sobre el follaje, tan parecido al ritmo de los pasos lejanos, el susurro ligeramente metálico de las hojas secas con las que ya estaba sembrado el suelo, El susurro un poco metálico de las hojas secas que ya cubren el suelo sobre el que caen, que tantas veces los hombres confundieron con el golpe de un cargador encajado en un obturador alemán. No podía pensar sin reírme del extraño trabajo que estaba haciendo allí, y con asombro me sentía parecido a los héroes de Fenimore Cooper, hábiles mohicanos o sabios tramperos de pieles, a los que admiraba de niño.

El 17 de octubre comenzaron los incidentes. Dije que a nuestra izquierda nos cubría una trinchera ocupada por parte de la 20ª Compañía. La había visitado cuando me puse en contacto con nuestros vecinos. Era muy mediocre, poco profunda y excesivamente ancha. Sus ocupantes se equivocaron al no trabajar para perfeccionarla. Fueron bombardeados varias veces con fuego de cañón, fusilería y Minenwerfer, y acabaron abandonándola en la mañana del 17. Supe que algo grave ocurría cuando en mi trinchera aparecieron lívidos estallidos de furia. Gritaban: "¡Somos nosotros! ¡Somos nosotros!". Me costó entender lo que querían. Eran hombres de la 20ª compañía, probablemente de una sección de reserva. Habían sido enviados a reforzar a sus compañeros. Se habían perdido en el bosque y habían acabado arrojándose a la primera trinchera que se les cruzó. Les devolví al buen camino.

Entonces llegó nuestra sección de reserva, la tercera, mandada en aquel momento por el mariscal Mathon. Se alinearon a nuestra izquierda, sin ningún orden en particular. Temíamos que los alemanes, aprovechando la retirada de la 20ª compañía, intentaran romper nuestra línea. Era necesario evitar que mi trinchera fuera desviada. Ayudé a Mathon a organizar a sus hombres. Mathon, que era uno de los mejores tiradores del regimiento, mató a un alemán que se había alejado poco de

Figura 6. Columna de prisioneros alemanes ante la mirada de soldados aliados. Durante la «Ofensiva de los Cien Días». Alrededores de Amiens el 9 de agosto de 1918.

nosotros escabulléndose entre los árboles. Junto con un sargento y dos soldados, fue a buscar el cadáver. Eran las órdenes: los altos mandos daban mucha importancia a los documentos que a veces se encontraban en los bolsillos de los enemigos. Fue el único de los cuatro que formaban la patrulla que regresó ileso y sin el cadáver: un soldado había muerto, el sargento y el segundo soldado estaban muy malheridos. Nuestros enemigos se protegían bien.

Por la tarde, una sección de la 24ª compañía, enviada en apoyo de nuestro batallón, relevó a nuestra 3ª sección. Algunos de los nuevos camaradas se instalaron en el bosque de la izquierda. Los demás vinieron a nuestra propia trinchera junto con su comandante, un mariscal, a quien, por regla general, yo debería haber traspasado el mando que había tenido hasta entonces. Sin embargo, por acuerdo tácito, seguí manteniendo bajo mis órdenes no sólo a los hombres de mi escuadrón, sino a toda la trinchera. El mariscal permaneció todo el tiempo sentado en el fondo del agujero, con el sable entre las piernas y la mirada gacha. Carecía de prtomagonismo. La gran preocupación de un comandante de trinchera cuando ordena una descarga parece ser conseguir que los tiradores apunten con cuidado. Apuntar significa mirar, y mirar significa exponer la cabeza a los disparos del enemigo. Apuntar es peligroso. Ahora sólo conozco una manera de convencer a los soldados de desafiar el peligro: desafiarlo personalmente. Por elemental que esto pueda parecer, el mariscal del que hablo parecía ignorarlo. En los primeros días, mis hombres disparaban demasiado alto, como ocurre necesariamente cuando no te atreves a levantar la cabeza, y demasiado rápido, ya que intentaban exponerse lo menos posible. Recuerdo haberle dado una paliza a uno de mis vecinos que, agazapado en la trinchera, sólo con la mano por encima del parapeto, sostenía el fusil boca abajo con el gatillo en el aire. Por supuesto, sólo en casos excepcionales utilicé argumentos tan "fuertes". Intentaba razonar con los soldados, les reprendía, repetía con cada orden de disparo: "¡Manténganse agachados!"; sobre todo, les hacía disparar descargas simultáneas, les daba ejemplo no dudando en levantar la cabeza. Aquellos buenos soldados se acostumbraron pronto a ser valientes: como veremos, la precisión de sus disparos nos salvó.

La noche entre el 17 y el 18 no fue mala: algunas alarmas, algunas salvas, y eso fue todo. El 18, hacia las ocho de la mañana, los alemanes empezaron a golpearnos furiosamente con las grandes bombas lanzadas desde sus morteros de trinchera, que caían con un ruido sordo y estallaban, sólo unos segundos después de haber caído. Entonces tuvimos que volvernos expertos en esquivarlas. Nuestros centinelas, entrenados para espiar el ruido que hacían al chocar contra el suelo, gritaban: "Bombas a la derecha", o: "¡Bombas a la izquierda!". Entonces nos tirábamos al suelo del lado donde nos amenazaba el peligro, protegiéndonos la cabeza con una mochila o un petate. Pero aquella mañana éramos todavía inexpertos; y luego, a pesar de todo, hay casos en que toda precaución es ineficaz. En la trinchera yo ocupaba el extremo derecho. Me había instalado allí con la esperanza -en realidad bastante vana- de comunicarme de viva voz con el cabo de la 13ª escuadra que, nominalmente puesto bajo mis órdenes, mandaba la trinchera vecina. A mi izquierda tenía a un minero del Pas-de-Calais, G..., un buen tipo, inteligente y tranquilo, al que sabía completamente entregado. Sentía por él un profundo afecto, que él correspondía plenamente. Le había elegido como vecino en primer lugar porque su conversación me divertía, pero sobre todo por su aguda vista, que venía al rescate de mis débiles ojos. Al principio de aquel espantoso bombardeo, me había dicho: "Va a ser otro mal día para el 272". Yo le había respondido: "¡Pero no, qué va!". Cada uno de nosotros estaba acurrucado en un rincón, con el petate, la mochila y la cantimplora colocados alrededor de la cabeza como si fueran escudos. Creo que permanecimos así bastante tiempo, mientras las bombas llovían a nuestro alrededor, sin alcanzar a nadie. Entonces hubo una explosión atronadora en el parapeto, a unos tres metros a mi izquierda, y oí a G… gimiendo y sentí su cuerpo pesado sobre mi hombro. No podía darme la vuelta sin exponerme mucho. Le dije palabras de consuelo, esas palabras cordiales y sin sentido que acuden espontáneamente a mis labios en tales casos: "Ánimo, viejo. Ya verás que no es nada. No debes tener miedo". Finalmente, aprovechando un momento de respiro, le miré; vi su cara y guardé silencio. Pocos minutos después estaba muerto. Su pobre cuerpo, atravesado por una astilla que se le había clavado en la carne mientras volaba hacia mí, probablemente me había salvado la vida. Nuestros vecinos pensaron que era yo quien jadeaba. Un hombre del 24 fue herido por la misma bomba; quería salir de la trinchera a toda costa y correr a por un vendaje. Intenté retenerlo, pero fue en vano. Por fin cesó el bombardeo. Rápidamente me levanté y ordené fuego: temía un ataque, que no se produjo. Pude pedir a la retaguardia de los hombres que vinieran a recoger el cadáver de G… Eché una mano para sacarlo de la trinchera. Por primera vez, mis brazos se extendieron para soportar el tremendo peso de la carne humana cuando la vida la abandona. Y por primera vez en aquella campaña, mi corazón lloró por un verdadero amigo. El 24 también tuvo un muerto. Permaneció insepulto hasta la mañana del 19, en el parapeto de retaguardia adonde lo habían llevado, con el rostro al sol.

Toda la noche siguiente esperamos en vano el asalto. El día 19 transcurrió sin incidentes graves, pero no sin metralla y bombas. Un hombre del 24 fue herido en la mano, muy levemente mientras estaba fuera de la trinchera. Por la tarde, nos dimos cuenta de que los alemanes, a unos treinta metros de nosotros, estaban construyendo una especie de terraplén amarillento; trabajaban tumbados o arrodillados; sólo asomaban las manos por un momento, cuando lanzaban paladas de tierra. Disparé contra ellos, sin conseguir acertarles ni intimidarles. M... que, estando enfermo el teniente, había tomado el mando de la 4ª sección, me advirtió que los grandes jefes esperaban un ataque.

Al anochecer, hacia las 5, de repente, una salva de balas se abatió sobre nosotros. En medio del estruendo de los disparos, pude distinguir fácilmente un ruido muy fuerte que llevó a nuestros hombres a dar a las ametralladoras el muy elocuente nombre de "molinillos de café". De hecho, había uno muy insistente. Si le hubiéramos dado tiempo, habría derribado nuestro parapeto; sus ráfagas nos habrían obligado a encogernos en el fondo de nuestras trincheras, y los alemanes habrían saltado de repente sobre nosotros. Había que reducirla al silencio. ¡Ah, si hubiéramos podido disponer entonces de toda la artillería que se distribuyó más tarde, y en particular de esas maravillosas bombas de melinita! Desgraciadamente, sólo disponíamos de nuestros fusiles. Para librarnos de la ametralladora, sólo podíamos disparar contra los artilleros. Esto era posible durante las pausas en el fuego, que no era continuo. ¿Pero cómo darle sin conocer su posición exacta? Me levanté mientras disparaba y vi su llama: una gran llama, más roja que la de los fusiles, bajo un árbol, exactamente donde, durante el día, habíamos vislumbrado aquel terraplén amarillo, que, como pronto comprendí, había sido destinado para la temible máquina. La ametralladora enmudeció. Ordené fuego. Dirigí el tiro, mostrando con el dedo el blanco al que debían dirigirse los disparos. Los hombres apuntaron magníficamente. La ametralladora volvió a acribillar nuestra trinchera, nosotros cesamos el fuego, luego la ametralladora se detuvo de nuevo y reanudamos nuestros disparos. Y así sucesivamente. Al cabo de un rato, los alemanes movieron la ametralladora y reanudaron el mismo juego. ¿Cuánto duró en total? No lo sé, pero de lo que sí estoy seguro es de que la ametralladora al final se vio obligada a callar: no la oímos más y casi al mismo tiempo los cañones alemanes tomaron el relevo. M... envió sus saludos y los del capitán.

Sin embargo, los alemanes no habían abandonado nuestra posición. Durante la noche nos atacaron tres veces. ¡Qué alboroto! Salían de sus trincheras, los oíamos llegar, sin verlos nunca; cada vez eran detenidos por nuestro fuego. Allí de pie, dirigía los disparos, intentaba evaluar los efectos, buscaba en el bosque con la mirada. Me había envuelto la manta alrededor de la barbilla, a modo de gorguera; solo sobresalían los ojos, me había ceñido la corbata a la frente, con la ingenua esperanza de que amortiguara los golpes. Me había colocado en medio de la trinchera. Mis dos vecinos, un cabo de la 24ª compañía, muy valiente y de sangre fría, y un soldado de mi pelotón, me tiraron del abrigo para sentarme, y yo les dije: "¡Sois muy amables, pero dejadme en paz!". Al tercer ataque me encontré dormido; a pesar mío, había sucumbido a la fatiga. Alguien me despierta: "¡Sargento, sargento!", y me levanto justo a tiempo para ordenar: "Fuego de salva hacia el bosque de delante.

Figura 7. "Poilus". Soldados franceses en una trinchera durante la Primera Guerra Mundial, 1917.

Disparen, vamos, ¡disparen!".

Por la mañana fuimos finalmente relevados, bajo una lluvia de balas. Un hombre se perdió en el bosque. Nunca lo volvimos a ver. ¡Qué alivio, cuando salimos de la Gruerie, con el sol brillando sobre los prados de La Harazée! Me enteré de que el 3º pelotón tenía tres heridos, el 2º medio pelotón dos. Regresamos muy cansados, con la garganta seca y el cerebro un poco ebrio, hacia La Neuville au-Pont. Durante un alto al borde de la carretera, justo antes de llegar a Vienne-le-Chateau, el capitán vino hacia mí y se mostró complaciente, diciendo a mis hombres que podían seguirme bajo el fuego con confianza y añadiendo que yo era un verdadero "poilu"[a]. Le respondí que mi barba, larga y sin cortar, justificaba este epíteto.

IV

Del 20 al 27 de octubre descansamos, primero en La Neuville y luego en Florent, "en la monótona paz del acuartelamiento", según reza mi cuaderno. Saliendo de Florent hacia media tarde, pasamos la noche en refugios al borde de un bosque cerca de La Placardelle. El 28, poco después del amanecer, entramos en la Gruerie, donde nuestro batallón se instaló a la derecha de la posición anterior.

Esta nueva estancia en medio del bosque duró hasta la mañana del 3 de noviembre. La mayoría de mis camaradas del 272º se asombrarían mucho si les asegurara que les dejó un grato recuerdo. Para muchas de nuestras compañías estuvo marcada por episodios muy sangrientos. En mi propia compañía, al menos dos secciones fueron puestas a prueba. En la 4ª sección, en cambio, pasamos días tranquilos. Los alemanes, que no estaban lejos, pero a los que nunca vimos, no perturbaron nuestra tranquilidad. Sí disparaban un poco, sobre todo por la noche. Uno de ellos, cuyo carácter era ciertamente

[a] En el argot militar de la Primera Guerra Mundial utilizado para referirse a la infantería francesa que significa, literalmente, "peludo". Hace alusión mundo rural agrícola del que procedían la mayor parte de los soldados, donde las barbas y los bigotes eran comunes. (N. de T.).

metódico y tenaz, apuntaba siempre en la misma dirección, un poco a la derecha de mi trinchera; nunca nos hizo daño, pero su obstinación nos molestaba. Le llamábamos el "rompedor de frentes". A veces oíamos en una voz que gritaba en la oscuridad: "Fe...er.", arrastrando el diptongo como haría un oficial dando órdenes a varios centenares de hombres. Este ingenuo farol no nos preocupaba; no habíamos tardado mucho en darnos cuenta de que cada vez una docena de fusiles como máximo cumplían la orden dada con una voz innecesariamente estentórea. Hacia el final de nuestra estancia nos lanzaron algunas bombas. Muchas no explotaron. Las lanzaban a una velocidad bastante suave. Por la noche podíamos verlas volar hacia el cielo oscuro, sobre el que dibujaban hermosas estelas brillantes y ligeramente rojizas. Una, la primera, cayó no muy lejos de mí, esparciendo, tras la explosión, gases malolientes que nos producían muchas náuseas. No ocupábamos una trinchera continua. Nos colocábamos, de dos en dos y de tres en tres, en trincheras de refugio que uníamos mediante pasarelas. Había elegido como compañeros a un minero del Pas-de-Calais y a un obrero de París, dos buenos tipos con los que me llevaba muy bien. Juntos montamos una buena cantina. Nunca comí mejores picatostes con mantequilla que en aquel agujero del bosque. Durante el día salía a veces a supervisar las distribuciones, a informar al comandante de sección, a hacer patrullas, a ponerme en contacto con mis vecinos, o con cualquier pretexto, porque me aburría en mi agujero. Por la noche hacíamos turnos de guardia. Estas horas de vigilia, normalmente muy tranquilas, me parecían muy largas;

luchaba con todas mis fuerzas para no dormirme. Recuerdo hermosas veladas con la luna asomando entre las ramas.

El martes 3 de noviembre regresamos a La Neuville-au-Pont, donde descansamos hasta el 8 por la noche. El subteniente A..., hasta entonces jefe de la 4ª sección donde yo estaba bajo su mando, se trasladó a un batallón de soldados del Cuerpo de Ingenieros que acababa de formarse. Muy joven -tenía veinticinco años- era un camarada adorable, muy sencillo y bueno. Lo lamenté Tomé su puesto de mando con el rango de mariscal. El capitán y sus comandantes de sección comen en el mismo comedor. Hasta entonces casi siempre había comido junto a mis hombres, había compartido sus vidas. Ahora los abandonaba. Fue un gran cambio. A partir de entonces tuve algunas de esas comodidades que, por modestas que sean, en el frente parecen preciosas, sobre todo durante la mala temporada. No se trata sólo de comodidades puramente materiales: comida más sana y abundante, servida con más esmero y limpieza, alojamientos más propicios al descanso; tales ventajas saludables son inestimables y sería muy necio despreciarlas. Pero no saludables las más bienvenidas. Una mesa, una lámpara (cómo había sufrido no tener una durante las primeras tardes de otoño que parecían tan largas en los barracones de un rincón tranquilo al que retirarme para leer, escribir o simplemente para reflexionar o soñar: estos son los talismanes que hacen la vida más feliz y alegre en la guerra. Añádase a eso el placer de una conversación más civilizada, la compañía de un conversador inteligente y refinado como nuestro capitán, más oportunidades de recibir noticias, de saber lo que ocurría en el regimiento y en el mundo. Por supuesto, agradecí a todos este bienestar que me trajo el ascenso. Pero no me arrepiento de haber empezado desde un rango más humilde, que me situaba más cerca de la tropa. Estando entre los soldados, llegué a conocerlos mejor.

Del 8 al 15 de noviembre, estuvimos de nuevo en primera línea, en los bosques por encima de Four-de-Paris. Mi sección estaba dividida. Opté por quedarme con la 2ª media sección en la ladera de un barranco en cuyo fondo los alemanes tenían un pequeño puesto. Nuestra trinchera bloqueaba un camino que, siguiendo la pendiente de la colina, conducía a las posiciones enemigas, situadas a varios centenares de metros de nosotros. Yo estaba mal alojado, en una trinchera demasiado estrecha. Allí vivimos horas monótonas y tranquilas. Dos falsas alarmas, alguna metralla inofensiva, la desventura de un soldado de patrulla que, a pesar de mis órdenes, habiendo tomado el camino de la izquierda bajo la mirada del enemigo, sufrió una bala que le arrancó la mejilla, mi caída en un arroyo fangoso cuando regresaba por la noche. He aquí todo lo que mi memoria ha conservado de los raros acontecimientos que animaron aquellas tranquilas vacaciones.

El día 15 fuimos relevados, según recuerdo, por las tropas coloniales. Mi cuaderno está interrumpido por esta anotación. Aunque nunca escribí en él día por día, hasta entonces me había esforzado por mantenerlo regularmente al día. A partir del 16 de noviembre no escribí nada en él. La herida que había recibido a finales de noviembre, muy leve y sin embargo molesta, luego la aproximación de la enfermedad que se anunciaba a través de un cansancio sordo y de malestares cada vez más frecuentes explican probablemente mi pereza, que hoy deploro. Sin la ayuda de mi cuaderno, aún puedo recopilar recuerdos que han permanecido muy presentes; pero ya no soy capaz de fecharlos.

Tras otro descanso en La Neuville-au-Pont, partimos de nuevo hacia Gruerie. Naturalmente, el cambio tuvo lugar por la noche. El frío era muy intenso. Los charcos del bosque estaban helados. Una capa de hielo extraordinariamente lisa cubría los caminos, muy empinados en algunos tramos. Avanzábamos con dificultad; había muchas caídas. No llegamos antes del amanecer.

Nuestra línea había mejorado gradualmente y ya no tenía las brechas que antes nos habían causado tantos problemas. Mi sección, situada a la derecha de la compañía, se comunicaba fácilmente y a cubierto con las dos secciones adyacentes. Nuestra trinchera tenía una forma extraña: a la izquierda, una serie de refugios; a la derecha, un largo pasillo almenado con una curva con la parte cóncava orientada hacia el enemigo; en el centro, un puesto avanzado que sólo podía ocuparse a medias, ya que la parte derecha estaba casi derrumbada; y, enlazando todo esto, una red de trincheras que se extendía hacia la retaguardia. Una vez colocados los hombres y asignados provisionalmente sus puestos, nuestra primera preocupación fue conocer los alrededores. A la luz gris del amanecer descubrí un paisaje singular. Era casi imposible creer que estábamos en un bosque. Los proyectiles y sobre todo las ráfagas de ametralladora habían derribado ramas e incluso troncos. A nuestra derecha, hacia la retaguardia, un gran roble había sido derribado; su tronco sólo estaba unido al tocón por unas pocas fibras y su copa yacía en el suelo. Delante de nosotros se alzaba un montículo amarillento, formado por los escombros de un refugio abandonado que se había derrumbado; junto a él, tendido sobre el vientre, había un cadáver, vestido con un abrigo francés; y un poco más lejos (pero aún muy cerca) vi un largo terraplén marrón, con sacos de tierra sobre él, y aquí y allá placas metálicas con agujeros rectangulares: eran las trincheras alemanas, que a la izquierda se alejaban de nosotros, atravesando oblicuamente un claro, a treinta o cuarenta metros, mientras que a la derecha formaban un saliente, que continuaba frente a las trincheras de la 17ª Compañía, nuestra vecina; calculé que la distancia entre nuestro parapeto y el bastión alemán más cercano era de doce metros.

Nuestra estancia allí duró tres o cuatro días. Hay algo angustioso en sentirse tan cerca del enemigo. Un salto y "ellos" están sobre nosotros. Yo también temía las trincheras. Por la noche todo el mundo vigilaba, bayoneta en ristre. Yo hacía frecuentes patrullas. Durante el día, un tercio de los hombres vigilaba, otro tercio estaba ocupado con el eterno trabajo de aterrazamiento que siempre es necesario en las trincheras; el último tercio dormía. No oíamos mucho a los alemanes. Al igual que nosotros, se habían acostumbrado a hablar en voz baja. Sólo el ruido de palas, azadas y hachas no se podía disimular. Hacía mucho frío. Encendíamos hogueras: a distancias tan cortas uno ya no teme ser descubierto. Yo tenía una cabaña muy bonita, con una cama de tierra y un hogar, que por desgracia hacía humo. Una estrecha ventana me daba luz y me permitía inspeccionar el horizonte. Lo molesto era que a través de la ventana, una vez tumbado, podías recibir una bala. Uno de mis predecesores había sido herido de esta manera. ¿Qué hacer con ella? Encontré en el camarote una pequeña manta roja, que me mantenía los pies calientes, y una colección de Morceaux choisis . Al volumen le faltaban muchas hojas. Tal como estaba, empezaba con un "Sermón sobre la muerte" que no leí.

Excelentes tiradores nos acechaban. El primer día, al amanecer, mientras me elevaba un poco sobre el parapeto del puesto avanzado para comprobar nuestra posición, oí un ruido de obturador, me tiré al suelo y una bala silbó por encima de mí. Aquellos tipos tenían una sangre fría perfecta. Una vez me cayó una bomba de melinita demasiado adelante, al pie del terraplén enemigo, sin herir realmente a nadie, pero estallando con tal estruendo y humo que hasta el más valiente se asustó un poco; la nube negra acababa de disiparse cuando el soldado alemán que estaba de vigía en la punta de la trinchera a la que habíamos apuntado y fallado disparó con gran precisión en la dirección de donde había venido nuestra bala. Para los soldados que toman posiciones frente al enemigo, las horas más peligrosas son las inmediatamente posteriores a su llegada. Los hombres necesitan algún tiempo para adaptarse a los hábitos de extrema precaución que son esenciales en estas situaciones. La primera mañana fuimos cruelmente probados: tuvimos dos muertos y un herido, los tres alcanzados por balas en la cabeza. Cuando la bala golpea el crá-

Figura 8. Ofensiva de Meuse-Argonne. Soldados estadounidenses intentan avanzar hacia las trincheras alemanas en el camino aliado hacia la línea Hindenburg. (Department of Defense. Department of the Army. EE.UU.).

neo desde cierto ángulo, lo hace estallar. De esta manera murió L... Fui a recuperarlo. La mitad de su cara colgaba como una persiana cuyas bisagras ya no aguantaban y se le veía el interior del cráneo, casi vacío. Con una toalla cubrí aquella horrible herida. Quería ocultárselo a mis soldados. Los campesinos y los obreros, considerados duros, suelen ser especialmente impresionables. Por mi parte, soporté el sangriento espectáculo sin demasiada dificultad. Sabía que L... había muerto sin agonía y sentí menos emoción al ver su temerosa cabeza que cuando más tarde encontré en su cartera la foto de sus dos hijos pequeños.

Si los alemanes nos hacían daño, no permanecíamos inactivos. Intenté utilizar el lanzabombas recién inventado por el capitán C... Un cabo de artillería deambulaba por las trincheras encargado de experimentar con él. Con aquel diminuto cañón bajo el brazo, ofrecía sus servicios a los comandantes de pelotón. Se presentaba con aire afable y ensalzaba discretamente sus mercancías. Acepté sus propuestas; pero, o bien el aparato aún no estaba listo, o bien la forma de mi trinchera y su ubicación en medio de un bosque, donde aún había algunos árboles, no nos convenían demasiado. El artillero lanzó dos bombas. Ambas impactaron en ramas. La segunda amenazó con caer sobre nuestras cabezas. El experimento terminó ahí. Nuestra gran arma seguía siendo las bombas de melinita, que se lanzan a mano después de encender el detonador. Yo tenía un lanzador maravilloso, T..., un minero de brazo fuerte y coraje imperturbable. Antes de encender la mecha, la acortaba tanto que yo siempre temía ver explotar la melinita en su mano. Gracias a esta audacia, sus bombas explotaban en cuanto alcanzaban su objetivo, sorprendiendo al enemigo y sin dejarle tiempo para escapar. En una ocasión, hizo lanzar una contra un grupo de hombres que intentaban mover tierra. La detonación fue seguida de espantosos gritos, tan cercanos que mis hombres pensaron que T... o yo habíamos sido heridos. Aunque nos habíamos vuelto terriblemente duros, se me heló la sangre y vi claramente que T... se ponía pálido como un cadáver. No es uno de mis mejores recuerdos.

Estábamos demasiado cerca de nuestros adversarios como para no sentir la tentación de comunicarnos con ellos. Les escribí una especie de proclama; nos habían dicho que había polacos entre ellos; les invité a desertar. Pensaba adjuntar a mi sobre algunos periódicos franceses, cuando me llamó la atención, no sé cómo, un pequeño grupo de soldados que trabajaba al final del claro frente a nosotros. Los hombres no se veían, pero el ruido de sus herramientas y sobre todo los movimientos de los árboles, cuyas ramas bajas probablemente estaban cortando, revelaban su presencia. Fui a la trinchera de delante e hice descargar una descarga sobre ellos. En el preciso momento en que ordené «¡Fuego!», recibí un gran golpe en la frente por encima del ojo izquierdo y caí de rodillas gritando: "¡Me han dado! Una bala, al impactar en el fusil de un hombre que disparaba delante de mí, había reventado su cargador. Me habían alcanzado tanto la metralla de la bala alemana, quizá preparada para fragmentarse al impactar con el objetivo, como la metralla de las balas del cargador francés. Digo metralla porque, además de la herida cerca de la ceja, tenía algunos arañazos en la mejilla y en el pelo, y el pómulo atravesado de lado a lado. Había leído que los golpes mortales no suelen ser muy dolorosos y, por otra parte, sabía que las heridas en la cabeza suelen ser o muy graves o insignificantes. Pensé: "Si no estoy muerto en dos minutos, no pasa nada". Tras sobrevivir a los dos minutos fatales, pensé que todo iba bien. Me pusieron un vendaje provisional y fui a ver al oficial médico. De camino me encontré con el comandante del batallón en su puesto. Me relató detalladamente las circunstancias de mi accidente y la situación en mi trinchera, y con justificada severidad me reprendió por la imprudencia que probablemente había cometido al levantar la cabeza. Luego, cambiando bruscamente de tono, me aconsejó que me cuidara mucho. Mientras descendía hacia La Harazée, donde se encontraba la ambulancia, corrió detrás de mí para aconsejarme que tomara el "camino de abajo", ya que el "camino de arriba" estaba expuesto a las balas. En La Harazée me examinaron y me vendaron. El médico me predijo un ojo morado. Su profecía se cumplió con exactitud. En los días siguientes mi ojo, por su forma y color, fue el asombro y la diversión de mis cincuenta y cuatro hombres. Obtuve fácilmente permiso para volver a las trincheras. Reasumí el mando y me ofrecieron "vino caliente" para celebrarlo, pero no envié ni la proclama ni los periódicos. Por la noche, una sección de cazadores vino a relevarnos. Estaba somnoliento cuando mi oficial de enlace anunció su llegada. Me esforcé por levantar el párpado.

V

Esta vez no fuimos a La Neuville-au-Pont, que nunca volveríamos a ver. Nos enviaron a Vienne-le-Chateau. Más tarde, en diciembre, pasamos dos días en Chaudefontaine, cerca de Sainte Menehould. Hasta el final de mi campaña de dos meses, aparte de esos dos días, Vienne-le-Chateau siguió siendo el lugar donde descansábamos cada vez que volvíamos de las trincheras. ¡Un descanso muy ilusorio! Las corveas -sobre todo limpiar el barro- y las guardias alrededor del campamento o en apoyo de las baterías cercanas absorbían la mayor parte de nuestros días.

Vienne-le-Chateau se alza a ambas orillas del Biesme, que hace girar sus molinos. El pueblo, a pesar de su rico aspecto, no ofrece nada especialmente destacable. Cuando lo conocí, bajo el fuego de la artillería alemana, los proyectiles le habían dado un aspecto imprevisiblemente pintoresco. Los muros derruidos, las casas destripadas que dejaban ver a través de los huecos de las fachadas en ruinas imágenes desoladoras de interiores, los escombros humeantes, el campanario decapitado, parecían Arras o Reims en miniatura. En general, los proyectiles hicieron más ruido que daño. Muchas casas permanecieron en pie, y sólo una vez vi heridos. No hay nada a lo que uno se acostumbre más fácilmente que a un bombardeo. Esto explica el heroísmo de tantas ciudades asediadas. No creo que la metralla o las granadas nos impidieran nunca dormir o pasear, o divertirnos cuando teníamos ocasión. Sin embargo, habríamos preferido descansar más lejos del frente. Oír el estruendo de los cañones nos dejaba indiferentes, pero escuchar el silbido de las granadas en los barracones también nos parecía fuera de lugar; esa música debería haberse reservado para las trincheras.

El castillo del que Vienne tomó su nombre se alzaba antaño sobre una pequeña colina rodeada de casas por casi todos lados. Sólo quedan las cuevas, de varios pisos y muy espaciosas. Pasamos allí la noche. Creo que me contagié la bronquitis que padecí al principio de la fiebre tifoidea. Normalmente nos alojábamos en barracones construidos a la salida del pueblo, en la ladera de una colina cubierta de pinos. Los oficiales vivían en casas "en la ciudad". En el pueblo también teníamos nuestra cantina; y durante mi última estancia dormí en una habitación e incluso en una cama. El estado mayor había obligado a la población civil a marcharse. Dormíamos en las camas de los propietarios ausentes, comíamos en sus mesas y manteles, a la luz de sus lámparas, consumiendo a veces sus provisiones. Era una vida de bandoleros. A pesar de la policía militar, había saqueos. Algunos tomaban el camino de los barracones o incluso el de las trincheras. Cogimos de los jardines algunas lámparas para iluminar nuestras cabañas, y de las casas estufas para calentarlas. Tengo sobre mi conciencia el robo de una bujía y una colección de poemas publicada hacia 1830. He perdido la bujía, pero aún poseo el libro. Vienne-le-Chateau alberga una fábrica de fieltro, donde se fabrican principalmente fez de un bello color rojo. El fez se convirtió en el tocado favorito de nuestros hombres en sus días libres.

Vienne-le-Chateau evoca en mi memoria un recuerdo muy cruel. Una mañana, durante nuestra tercera estancia, justo antes de que amaneciera, me despertaron los gritos de socorro. Uno de nuestros barracones, el de la 2ª sección, acababa de derrumbarse. Todavía medio dormido, no comprendí inmediatamente el horror de la noticia. Corrí hacia el lugar y me di cuenta. Las lluvias habían erosionado poco a poco el suelo de la ladera. Una masa de arcilla, que formaba la pared trasera de la cabaña, construida como muchas otras en una cavidad de la propia ladera, se había desprendido repentinamente del suelo, aplastando la frágil construcción, demasiado débilmente apuntalada. Bajo un montón enmarañado de vigas, ramas y barro, algunos heridos gemían y pedían ayuda. Trabajamos para sacarlos. Poco se podía ver. Las primeras luces del día apenas hacían menos densa la oscuridad. Para iluminarnos, sólo teníamos algunas lámparas eléctricas de bolsillo y velas que el viento apagaba. Ya era demasiado tarde para salvar a todos nuestros camaradas. De debajo de los escombros sacamos no sólo siete heridos, algunos de ellos muy graves, sino también, por desgracia, tres cadáveres. Entre los muertos estaba mi querido amigo F... Sólo después de largos esfuerzos pudimos llegar hasta su cuerpo. Ya era de día. Vi aparecer su rostro pálido, apenas sucio, y sus grandes ojos negros. Por la tarde enterramos a aquellas desgraciadas víctimas de un absurdo accidente. Yo era muy consciente de que también ellos habían caído a su manera en el campo del honor. A pesar de todo, habría sentido un dolor menos atroz si hubieran caído bajo los golpes del enemigo. En el cementerio, el capitán tuvo que hablar. Estaba tan conmovido que se vio obligado a detenerse después de decir unas pocas palabras.

Un día, en Vienne-le-Chateau, sentimos una gran alegría, pronto decepcionada. Era alrededor del 20 de diciembre. Hacia medianoche me despertó el capitán Q..., oficial de Estado Mayor, que volvía con el coronel. Me informó de que el batallón partiría antes del amanecer, creo que hacia las cuatro. Esto era inusual: estábamos en medio de nuestro período de descanso. Q... añadió: "Es la gran ofensiva". Por la mañana fuimos a ocupar trincheras de segunda línea entre Vienne y La Harazée, donde recibimos una orden del día del general Joffre anunciando la ofensiva destinada a liberar definitivamente el territorio. Leí el texto a mis hombres, que me pareció muy hermoso. Ah, ¡qué felices estaban! La guerra de trincheras nos parecía tan lenta, tan monótona, tan agotadora para el cuerpo y el espíritu, que incluso los menos audaces acogieron con gran alegría la perspectiva del avance. Nuestros cañones tronaron durante todo el día. La artillería enemiga respondió débilmente. Por la noche, el capitán y yo, sentados frente a la puerta de nuestro refugio común, mirábamos hacia el este, al otro lado del Argonne, los destellos de lo que nos parecía una violenta batalla. Luego la compañía recibió la orden de regresar a Vienne y ya no oímos más hablar de ofensiva. Por lo general, sólo salíamos de Vienne-le Chateau para ir a la línea del frente. Los dos batallones del regimiento cambiaban repetidamente, por término medio cada siete días. Ocupábamos siempre el mismo sector, en campo abierto, en la meseta arcillosa que se extendía entre el bosque de Gruerie al este y el valle del Aisne al oeste. Nuestra compañía se situaba invariablemente a la izquierda del batallón y continuaba, siempre a la izquierda, con las tropas coloniales. Poco a poco fuimos haciendo avanzar nuestras trincheras, partiendo del lindero del bosque hasta llegar a la carretera de Servon a Vienne-le-Chateau, a la que llegamos a finales de diciembre. Desde allí descubrimos un horizonte muy amplio. Delante de nosotros, tras una pendiente en la que las líneas del enemigo se silueteaban sobre el fondo más oscuro del terreno circundante, podíamos ver elevarse el campanario de Binarville. Cuando queríamos hablar de un gran acontecimiento o de una brillante ofensiva,

Figura 9. Foto de Joseph Jacques Césaire Joffre (1852-1931) antes de 1931. (Gallica Digital Library).

no decíamos "cuando estemos en Mézieres" o "en Lille", sino "cuando estemos en Binarville". Creo que aún no hemos llegado a ese punto.

Si tuviera que dividir mi vida militar en periodos, llamaría a este último "el periodo del barro". Llovía a menudo. En un terreno impermeable y apenas ondulado, el agua no podía infiltrarse ni fluir. Nuestras trincheras servían de canales. Después de cada aguacero las vaciábamos. Enfrente, los alemanes vaciaban las suyas, lo que era un cierto consuelo. Los muros de las trincheras se desmoronaban. Teníamos que consolidarlas constantemente, despejarlas, blindarlas, pavimentarlas, cavar nuevas. Nuestros hombres estaban agotados por este trabajo interminable. La arcilla se pegaba a nuestras palas, nos dejaba las manos pegajosas. Una vez mi refugio, debilitado por la lluvia, se derrumbó. Afortunadamente, al darme cuenta de que amenazaba con derrumbarse, lo abandoné prudentemente. Nunca pasamos frío, pero la persistencia y la humedad nos acosaron mucho más cruelmente de lo que hubiera podido hacerlo el frío. Nuestras ropas permanecieron empapadas de agua durante largos días. Se nos helaban los pies. La tenaz arcilla se adhería a nuestros zapatos, ropa, ropa interior, se pegaba a nuestra piel, ensuciaba nuestra comida, amenazaba con obstruir los cañones de nuestras armas y atascar el gatillo. Los cambios eran agotadores. Se realizaban de noche, y normalmente en noches muy oscuras. Nos deslizábamos por el suelo empapado de agua. Los agujeros de las granadas, las trincheras abandonadas y sólo parcialmente rellenadas por los desprendimientos formaban trampas ocultas en las sombras. Descendimos a Vienne-le-Chateau, exhaustos, maldiciendo, cubiertos de una costra terrosa de pies a cabeza. Y, sin embargo, incluso en este infierno de barro, a veces había "buenos momentos".

No estábamos muy expuestos. Las granadas silbaban sin cesar sobre nuestras cabezas, ya que teníamos detrás una batería francesa que disparaba con frecuencia y sobre la que disparaban los alemanes. Pero la mayoría de los proyectiles no iban dirigidos contra nosotros.

Nuestros artilleros tenían la manía de disparar tiros demasiado cortos, de modo que a veces nos alcanzaban a nosotros en vez de a las fortificaciones enemigas. El 4 de enero mataron o hirieron de esta manera a algunos hombres de la 1ª sección. A veces los alemanes nos bombardeaban. En la 1ª sección, sus proyectiles nunca hirieron a nadie. Al borde de la carretera de Servón había un pequeño edificio muy bajo, que se distinguía bastante mal desde nuestras líneas. Los oficiales de artillería pretendían que ocultaba un nido de ametralladoras o que era la entrada a un túnel construido por los alemanes. En realidad, no era más que un pequeño acantonamiento, como habían comprobado dos patrullas que yo había enviado por la noche. Un oficial de la batería vecina que había venido a nuestras trincheras se negó a reconocer el error de sus colegas. Indignado, decidí hacer personalmente una patrulla hacia aquel maldito cuchitril, para reforzar con mi autoridad el testimonio de mis hombres. A la ida escapé fácilmente a la vista del enemigo, pero a la vuelta, tras subir a cuatro patas a una pequeña elevación para observar las trincheras, se fijaron en mí; me saludaron con disparos de fusil y tuve que arrastrarme sobre el vientre hasta nuestras posiciones. No corría ningún peligro, ya que los tiradores apenas podían verme, pero sentí fuertemente esa impresión particular que conocen todos los que han sido blanco de un ataque: una especie de irritación mezclada con vergüenza, como cuando en sociedad uno se encuentra objeto de la atención de tipos un tanto extraños. Al anochecer salíamos a menudo de nuestros refugios para visitar al capitán, que estaba en la retaguardia con la sección de reserva, o para intercambiar visitas entre nosotros. Protegidos por los salientes del terreno, teníamos poco que temer de las balas perdidas. Una noche, cuando los tres comandantes de sección del frente habíamos ido a ver al capitán (creo que sobre todo queríamos tomar prestados sus diarios) al frente, de repente estalló un disparo de fusil. Tuvimos que correr como locos para volver a nuestros puestos. Desde ese día, todos evitamos ausentarnos, incluso yo. La víspera de Navidad encontré en la cabaña del capitán a mi amigo del colegio y colega de Amiens, B..., que, subteniente del 72°, había venido con su sección a reforzar nuestra compañía. El capitán había recibido una botella de champán; brindamos por la victoria. No volvería a ver a B..., murió el 3 de marzo durante el asalto a Beauséjour.

En estas trincheras, mi sección tuvo tres bajas. Dos murieron por balas: El primero, mientras regresaba temprano por la mañana de una tarea de cortar leña, me acusa de haberlo dejado salir demasiado tarde, otro fue alcanzado en la cabeza por una bala perdida. El tercero fue asesinado por los oficiales médicos. Era un soldado territorial bretón de nombre G... Nuestro regimiento, puesto a prueba más por la enfermedad que por los combates, se había reintegrado hacia mediados de diciembre, con la ayuda de los territoriales llegados de los depósitos militares de Bretaña. Entre ellos se encontraban algunos reclutas navales que eran buenos soldados. Pero los demás, los hombres del interior, al parecer eran combatientes muy mediocres. Envejecidos antes de tiempo, parecían entumecidos por la miseria y el alcohol. El desconocimiento de la lengua aumentaba su sopor. A fuerza de mala suerte, habían sido reclutados en los cuatro puntos cardinales de Bretaña, de modo que cada uno hablaba un dialecto diferente, y los que hablaban un poco de francés sólo en contadas ocasiones podían hacer de intérpretes para los demás. G... estaba entre los menos despiertos. Manso y resignado como casi todos, pero incapaz de comprender y hacerse comprender, se hubiera dicho que vivía fuera del mundo. Era de aspecto agraciado, delgado y muy pálido. Hacia finales de diciembre parecíaestar enfermo. En aquella época, estábamos en las trincheras. Los médicos del batallón visitaban el puesto de mando todas las mañanas antes del amanecer. G... fue allí dos días seguidos, sin que se reconociera su enfermedad. El segundo día, de regreso a las trincheras, se desmayó. Le aconsejé que volviera al día siguiente para otro examen y le di una nota, que el capitán escribió de buena gana a petición mía; su caso fue comunicado a los oficiales médicos como urgente. La carta nunca fue entregada. Ese mismo día, hacia las nueve de la noche, G... murió. Lo enterramos por la noche, detrás de las trincheras.

Pasamos la Nochevieja en Vienne-le-Château, y la noche del 2 al 3 de enero volvimos al frente. Hacía tiempo que me sentía muy mal. Luché en vano para dominar mi malestar. La noche del 3 decidí pedir permiso al capitán para bajar al cuartel; me lo concedió fácilmente e incluso me instó a descansar. Un soldado, enviado a Vienne-le-Chateau para recoger las cartas, me acompañó. Se había ofrecido amablemente a llevar mi mochila; pero, no siendo tan valiente como cortés, me obligó a correr a una velocidad vertiginosa por una carretera expuesta a las granadas. Agotado, con la cabeza ya pesada, luché por seguirle; me caí dos o tres veces. En la mañana del día 5, el oficial médico me trasladó a Sainte-Menehould; y desde el coche que me llevaba hacia la retaguardia oí el familiar estruendo de los cañones desvanecerse poco a poco en la distancia.

VI

Así, desde el 10 de agosto de 1914 hasta el 5 de enero de 1915, pasé una vida completamente distinta de la habitual, una vida bárbara, violenta, a menudo pintoresca, a menudo también de una sombría monotonía, con partes cómicas y cruelmente trágicas. En cinco meses de guerra, ¿quién no acumularía una rica cosecha de experiencias?

Como todo el mundo, me di cuenta de la extrema insuficiencia de nuestra preparación material y de nuestra enseñanza militar. En el Gruerie, coloqué alambre sin púas, vi mi trinchera inundada de bombas a las que sólo podíamos responder con disparos de fusil, hice cavar la tierra con herramientas portátiles y jugué astutamente con mis compañeros para conseguir las herramientas normales de mi sección. Vi -¡ay!, hasta el final- la insuficiencia de nuestra línea telefónica dificultando nuestra conexión con la artillería. Sólo la experiencia me enseñó -y sin duda muy imperfectamente- a construir fortificaciones. Reflexionando más tarde sobre lo que habíamos hecho durante los primeros meses de la guerra, me di cuenta de que en este punto el genio no sabía más que

Figura 10. Soldados franceses en Flandes (Bélgica) con un combinado de gas y lanzallamas. (U.S. National Archives and Records Administration).

nosotros. Frente a Larzicourt, ¿no habían construido nuestros oficiales una cabaña para nuestro comandante de batallón, hábilmente camuflada en un campo de coles, pero sin pasarelas ocultas para comunicarse con las posiciones del frente? De modo que, en caso de ataque, nuestro desdichado comandante, después de haber hecho matar a todos sus furrieles encargados de llevar las órdenes a las compañías, se veía obligado a asistir como espectador impotente al combate que se suponía debía dirigir. Vi progresos lentamente, dolorosamente, pero también con seguridad. En diciembre teníamos alambre de espino y caballos frisones con los que ya no sabíamos qué hacer. Oí la voz de nuestra artillería, muy débil y escasa durante nuestra primera estancia en Gruerie, crecer poco a poco hasta el punto de sobreponerse al estruendo de los cañones enemigos.

He conocido, pero sobre todo al principio de la campaña, negligencias desafortunadas. Cuando vigilábamos las trincheras cerca de Thonne-la-Long, no teníamos la menor idea de lo que teníamos delante. Un día creímos estar en contacto con el enemigo, cuando aún estábamos cubiertos por puestos avanzados franceses. En Han-les-Juvigny recibimos la orden de partir con varias horas de retraso. En Larzicourt trabajamos bajo la supervisión de los ingenieros; el primer día hicimos no pocos esfuerzos para cavar trincheras que, al ser visibles desde muy lejos, habrían ofrecido a la artillería enemiga un valioso punto de referencia; Al día siguiente, el capitán de los ingenieros que se alojaba en el pueblo examinó nuestro trabajo, lo juzgó muy malo, con razón, y nos hizo rehacerlo; si hubiera venido el día anterior para orientarnos sobre nuestra inexperiencia, nos habría ahorrado pesados trabajos y el desaliento que conlleva un esfuerzo inútil. Uno de mis hombres, maestro carpintero en un pueblo de Île-de-France, me dijo: "Si yo trabajara así, me vería obligado inmediatamente a cerrar mi taller". ¿No tenía razón?

No siempre he estado contento con todos los funcionarios. A veces los he encontrado demasiado poco preocupados por el bienestar de sus soldados, demasiado ignorantes de la vida material de los hombres y demasiado poco deseosos de aprender sobre ella. Las palabras: "Que se las apañen" - siniestras palabras que después de lo setenta uno ya no debería atreverse a pronunciar - siguen estando demasiado a menudo en sus labios. El comedor de los oficiales y de los comandantes de sección toma a veces raciones excesivas de los suministros. Los cocineros de los oficiales de compañía son personajes demasiado importantes. Habría que vigilar más de cerca a los furrrieles. Por supuesto, mi crítica puede ser errónea para ciertos regimientos, pero sólo puedo hablar por lo que he visto, y el alcance de mi experiencia ha sido muy limitado. Los comandantes de compañía, cuando están acuartelados, no reúnen a sus hombres con suficiente frecuencia. Los reservistas ya no son muchachos; están ávidos de noticias, no tenerlas les desanima, pero sería deber de sus oficiales informarles de los acontecimientos y proporcionárselas. Tuve un capitán que sabía hablar admirablemente a su tropa; ¿por qué no lo hacía más a menudo? Es justo añadir que en Vienne-le-Chateau nos vimos obligados a evitar los asaltos, que eran peligrosos en un pueblo sometido a constantes bombardeos.

Nuestro batallón y luego el 6º estuvieron durante algún tiempo bajo el mando de un capitán de carácter rudo y cobarde. Sólo conocía dos medios para hacer marchar a sus soldados: insultarlos y amenazarlos con enviarlos ante el consejo de guerra. Yo le oí tratar como bastardos a los hombres que, dos días antes, el 10 de septiembre, habían soportado sin pestañear el espantoso fuego de los cañones y ametralladoras que protegían la retirada alemana. Un día pasó a las manos. Creo que la historia ha sido silenciada. Nuestra venganza fue leer en su rostro la angustia que lo desfiguraba cuando empezaban a bombardearlo. Ascendido a comandante, fue trasladado con el pretexto del agotamiento general, que nadie creyó. Pero mi batallón también se encontró bajo las órdenes de un oficial al que admiraba mucho. Más bien severo en apariencia y seco en el habla y los gestos, nunca mostraba alegría en su rostro delgado y casi ascético y no buscaba la popularidad; sin embargo poseía ese don misterioso y casi magnético que hace de un hombre un líder; sus soldados tenían fe en él y le seguirían hasta el fin del mundo. En mi camarada M..., un suboficial que llegó a ser subteniente, conocí el encanto de un valor ingenuo y la feliz unión de la sangre fría y el calor humano. Y suya es esta expresión heroica, tanto más bella cuanto que está ciertamente exenta de toda reminiscencia literaria. Como alguien le dijo con aire escandalizado: "Los alemanes están a treinta metros de nosotros", "Pues bien", respondió, "¡nosotros estamos a treinta metros de los alemanes!". Una compañía o una sección no sólo está formada por hombres uniformemente inteligentes, simpáticos y valientes. Cuando evoco recuerdos de camaradas con los que he vivido, de hombres a los que he mandado, las figuras que responden al pase de lista no parecen todas amables. Conociendo al cabo H... aprendí hasta dónde puede llegar un holgazán (¿hasta dónde? En realidad hasta el tribunal militar si el teniente no hubiera sido tan bueno, tal vez demasiado bueno). Al encontrar en mi memoria la imagen del cabo M... no puedo evitar sonreír. Era un minero fornido, de piernas cortas y cara cuadrada; su nariz estaba adornada con una hermosa cicatriz azulada que el polvo del carbón suele esparcir en el cuerpo de los mineros. Caminante incansable, pero poco acostumbrado a los zapatos, cruzaba descalzo las calles de Lorena y Champaña. Era tan negligente y estúpido que hoy me parece que me pasé las seis primeras semanas de la guerra buscándole por todos los rincones del campo para darle órdenes que nunca entendió. Pero no puedo olvidar que lo último que no pude hacerle entender fue, la mañana del 10 de septiembre, que su lugar no estaba al frente de la sección que entraba en combate; ese día cayó, no sé si herido o muerto. Durante el mes de agosto y los primeros días de septiembre, D... fue nuestra alegría. Agricultor de los alrededores de Bapaume, tenía el mejor acento picardo. Cuando, en el camino entre Grand-Verneuil y Thonne-la-Long, nos encontramos con los primeros heridos, nos dimos cuenta de que muchos, al tener los brazos vendados, dejaban colgar una de las mangas de su abrigo sin ponérsela. D... pensaba que todos estaban mutilados, y nunca pudimos convencerle de que se engañaba a sí mismo. Muy grosero al hablar, aceptaba los insultos más groseros de sus camaradas sin pestañear; sólo le molestaba una expresión: "Cierra el p...". Tenía la boca absolutamente cerrada. Y también pienso en el pequeño grupo de cobardes: K..., que estuvo a punto de apuñalarme un día que entré de improviso en su refugio; V..., que, triste por estar en el frente, nunca hablaba de sí mismo más que diciendo: "¡Pobre mártir!". Pero prefiero acordarme de la buena gente: P. ..., de cuya muerte acabo de enterarme, un obrero parisino, pálido de color, con el apetito insaciable de quien nunca ha comido hasta saciarse, inquieto, nervioso, presto a la cólera y a la alegría; el pobre G... secretario de un sindicato de mineros, activo y locuaz, un alma verdaderamente generosa; T..., también minero, analfabeto, tan taciturno como B... era pequeño, moreno de tez y de aspecto, tranquilo ante el peligro, animado por un odio insaciable hacia los alemanes, a los que nunca llamó "esos asesinos". ¿Quién contará jamás los oscuros actos de heroísmo realizados por nuestros oficiales de enlace en la Gruerie? Todavía veo al primero, T..., jornalero de oficio en Pontoise, pequeño y vivaracho, pródigo en discursos sentenciosos. Solía trotar por los bosques plagadoss de disparos y, cuando una bala pasaba demasiado cerca, esbozaba con la mano el gesto que se hace para espantar una mosca molesta.

De todos mis camaradas caídos allá en Champagne o en Argonne, a ninguno lloré tanto como a F..., que era sargento en mi 2ª media sección. F... tenía un oficio que a veces se considera poco refinado: era vinatero en el barrio de la Bastilla. Era poco instruido y no leía mucho. Nadie mejor que él me hizo comprender la belleza de un alma naturalmente noble y delicada. Casi nunca utilizaba palabras vulgares. Nunca oí una expresión obscena de su boca. Sus hombres le adoraban por la cortesía y el buen humor que les transmitía; su sereno valor inspiraba confianza; sabían que era tan prudente como valiente. Extremadamente atento a los detalles de la vida práctica, pertenecía a aquellos de quienes se dice que nunca pierden el norte. Tras un peligroso reconocimiento, emprendido con valentía (después de haberme confiado su cartera) y llevado a cabo con la más admirable sangre fría, le vi regresar sosteniendo en sus manos una lata de conservas de una mochila abandonada en algún lugar entre nuestras líneas y las enemigas. Traba-

Figura 11. Batalla del Somme. Un prisionero alemán y soldados británicos heridos en julio de 1916. Imperial War Museums (collection no. 1900-09). Fotografía: Ernest Brooks.

jaba para hacer la vida más agradable a los que consideraba pobres y compartía con ellos esas pequeñas alegrías que no tienen precio en la guerra. Tenía una idea muy elevada de la camaradería. Decía: "Cuando era recluta, estaba en un pelotón en el que nos llevábamos bien". Y "llevarse bien" en su pelotón era sin duda su mayor deseo y el objeto de sus mayores esfuerzos. Al perderle, perdí un apoyo moral.

Durante mis meses de guerra, a veces veía a hombres que tenían miedo. La cara del miedo me parecía muy fea. Con todo, rara vez tuve ocasión de observarlo. El valor militar está ciertamente muy extendido. No creo que sea exacto decir, como a veces se hace, que es fácil. No siempre, de hecho, pero a menudo es el resultado de un esfuerzo. Esfuerzo que un hombre normal logra sin hacerse daño y que pronto se convierte en hábito. Siempre he observado que, por un feliz reflejo, la muerte deja de parecer aterradora cuando parece cercana; esto, después de todo, explica el valor. La mayoría de los hombres tienen miedo de ir bajo el fuego y sobre todo de volver a él; pero una vez que están allí, ya no tiemblan. Creo que, salvo los más inteligentes y los de corazón más noble, pocos soldados piensan en su patria cuando se comportan con valentía; pero lo más frecuente es que se guíen por su honor individual, que es muy fuerte en ellos, siempre que esté apoyado por el entorno; porque si en una tropa hubiera mayoría de cobardes, el punto de honor sería quitarse de en medio rápidamente con el menor daño posible. Siempre consideré buena política manifestar abiertamente el sincero desprecio que me inspiraban los pocos cobardes de mi sección.

He terminado de recopilar mis recuerdos. T..., de quien hablaba hace un momento, me envió el otro día una carta que, al estar escrita a lápiz, probablemente se borrará muy pronto. Para no olvidar su última frase, la copio aquí: "¡Viva Franciá, nos vemos pronto por la victoria!

———————————

Hace casi dos años, durante un periodo de convalecencia, empecé a recopilar mis recuerdos de guerra. Hoy los retomo. Las contingencias de la guerra me han concedido una ociosidad imprevista. La 250ª brigada (a la que pertenece mi regimiento, el 272º) vivió una aventura singular. En Argelia, el reclutamiento de soldados locales había provocado disturbios, en particular en la provincia de Constantina. El gobernador general estaba conmocionado y temiéndose lo peor pidió tropas. Acabábamos de salir de la feroz batalla del Somme, en la que habíamos sufrido mucho. Nos destinaron a Argelia, así que ahora pasamos un invierno muy tranquilo y con buen tiempo. En cuanto a mí, paso una vida tranquila, cómoda y algo vacía en Constantine. Ha llegado el momento de recurrir al pasado para llenar el presente.

I

Regreso al frente el 13 de julio.
El 7 de junio de 1915, al final de mi permiso de convalecencia, fui al depósito de los Regimientos 72º y 272º

de Infantería, en Morlaix, donde permanecí sólo unos días. No me encontraba nada bien. "Dejo el depósito", escribí entonces a un amigo, "por miedo a perder la moral, que es lo que más me importa". En los depósitos se encuentra una multitud de soldados, e incluso oficiales, que se aferran desesperadamente a la gris vida que les ofrece una pequeña guarnición de la retaguardia y, para permanecer allí el mayor tiempo posible, son capaces, si no de acciones malvadas, de una serie de pequeñas cobardías mediocres: buenas personas al fin y al cabo, que una vez arrojadas al horno se comportan con honor y a veces hacen gala de un heroísmo extraordinario, pero caracteres débiles, atemorizados ante la perspectiva de un ligero peligro. El espectáculo de este miedo impulsa al valor. Me sentía curado. Ansiaba ser útil. Y eso que nunca me ha gustado esperar: si tengo que afrontar el peligro, prefiero hacerlo ahora. Como salían refuerzos para el 72º, me hice asignar como voluntario. El 22 de junio salí de Morlaix. Mis padres y mi cuñada habían venido a despedirse de mí; de mutuo acuerdo, evitamos cualquier sentimentalismo.

Los viajes no son nada rápidos. Ignoran las rutas directas. Transportan lentamente a los soldados, que, apiñados en los mostradores, "cantan" la virtud de las cabezas de las esposas. De Morlaix al frente tardamos tres días y cuatro noches. Cuando intento recordar aquellos días, que me parecieron tan largos, me vienen a la memoria algunas imágenes: Angers toda blanca bajo el sol de la mañana y la afectuosa acogida de la familia Louise; el valle del Loira que seguimos durante horas; el río casi inmóvil, los arenales dorados, los álamos, las colinas, un paisaje de indolencia y paz que ofrecía a mis ojos todo aquello de lo que me despedía o tal vez me despedía; El despertar por la mañana en la estación de Creusot, fábricas entre tristes colinas, el humo que surcaba el cielo gris y, a lo largo de las calles, obreros que se apresuraban al trabajo con el brazalete de los movilizados en la manga: ya era una visión de guerra. En Is-sur-Tille nos encontramos con un extraño jefe de estación. Este hombrecillo enfadado, vestido de caqui, tenía una pasión feroz por lo que le gustaba llamar "la disciplina del frente"; de hecho, maltrataba groseramente a los soldados que pasaban por su estación de camino a la línea de fuego, donde él nunca iría. Así, prohibió a los soldados de guardia que franquearan las cartas de nuestros soldados que, al no tener derecho a abandonar las vías, no podían franquearlas ellos mismos. De ahí un sinfín de pequeños dramas y, finalmente, unos días de arresto para uno de nuestros oficiales que había protestado demasiado abiertamente. «Le Cri de Paris» contó la historia de aquel jefe de estación que, con razón o sin ella, creyéndose insultado por dos tenientes de fusileros, tomó nota de sus nombres y batallones y presentó una denuncia. Su superior aceptó la queja y exigió que se castigara a los dos culpables, argumentando que el servicio de los jefes de estación es muy fatigoso y que no había que desanimarlos. Lamentablemente, los números se habían leído o transcrito incorrectamente, un error que naturalmente retrasó el procedimiento. Cuando la denuncia llegó a la 6ª brigada de fusileros mandada por el coronel M... y se identificó a los oficiales objeto de la misma, el ataque lanzado el 7 de noviembre de 1916 por los fusileros en el bosque de Saint-Vaast ya había tenido lugar. Más de cuarenta oficiales cayeron en este enfrentamiento. Entre ellos estaban los dos tenientes. El coronel M... respondió. Pidió que se castigara al jefe de estación, negligente en el cumplimiento de su deber hasta el punto de ser incapaz de leer correctamente un número en el cuello de un uniforme. Sobre todo, envió una copia de un informe que había hecho escribir sobre los motivos heroicos de los tenientes, añadiendo que la lectura de este documento no dejaría de inspirar al jefe de estación la fuerza necesaria para llevar a cabo su servicio extremadamente extenuante y superar cualquier desánimo. Doy fe de la autenticidad de esta anécdota. La he conocido de una fuente fidedigna. El coronel M... tenía entonces su puesto de mando en Bois-Aiguille. Estábamos a su lado y bajo sus órdenes. No supe el nombre del jefe de puesto. ¿Era el de Is-sur-Tille? Me gustaba imaginarlo. Si no era él, era su hermano.

Algo daba a nuestro largo viaje cierto interés: la incertidumbre de dónde nos encontrábamos en relación con el lugar que sería nuestro destino. Sabíamos que el 72º había abandonado la región de Verdún donde acababa de combatir. Pero ¿dónde la encontraríamos? ¿Alsacia, Artois, Dardanelos? Por mi parte, sólo pedía ver una parte del país. Había pasado cuatro meses en Argonne. Me apetecía un cambio.

La mañana del 25 de junio me desperté en una estación donde los vagones que transportaban a nuestra gente se habían desprendido del tren que los escoltaba. El amanecer era fresco, el cielo velado. Vi una pequeña estación, un pueblo, prados y, cerrando el horizonte, colinas redondeadas cubiertas de grandes árboles. Este paisaje agradable, que una luz gris entristecía un poco, me recordaba a las montañas y sobre todo al Jura. Me sentí como si saliera de vacaciones y bajara a Vallorbe para el control de aduanas. Eran Les Islettes; era Argonne, donde habían enviado de nuevo al regimiento, reasignado al 50º cuerpo de ejército, y donde esta vez iba a pasar más de un año. Al principio nos enviaron a Bellefontaine, donde trabajábamos en un depósito de la división. Permanecíamos día y noche en este pueblo encantador, perdido, casi en el fin del mundo, en el fondo de un valle donde termina la carretera, rodeado y aislado por el bosque. El 26 de junio, me incorporé al regimiento con los oficiales y suboficiales de las unidades de refuerzo. Dejamos a los soldados rasos en el depósito de la división. El 72º estaba acuartelado en gran parte en las Islettes. Fuimos ... l⁻¹ ~oronel donde cada uno recibió su asig- :o a mí, me asignaron a la 4ª compañía, ; afueras del pueblo, en una fábrica de . tarde, ejercí de mariscal de la compañía de sección.

buen recuerdo de las Islettes, donde esta cinco días completos y adonde, como ve- ás tarde. Imagínense un pueblo bastante o y confortable, que se extiende en la ca- rís a Verdún, entre prados, bosques, casas, os de soldados. Estábamos protegidos. El enemigo aun no había instalado las baterías de largo alcance que, en el momento de su ofensiva sobre Verdún, le permitían bombardear la estación y el propio pueblo. Oíamos los cañones, pero no temíamos las bombas.

Aquí se interrumpe el manuscrito de Marc Bloch.

II

REFLEXIONES DE UN
HISTORIADOR SOBRE
LAS FALSAS NOTICIAS
DE LA GUERRA

LA CRÍTICA DE LOS TESTIMONIOS

Los historiadores han seguido con el mayor interés los progresos realizados en los últimos años en la psicología del testimonio. Se trata de una ciencia muy joven, ya que sólo tiene poco más de veinte años; al menos desde hace veinte años sólo ha empezado a establecerse como disciplina independiente. Es justo añadir que la crítica histórica, más antigua, le había abierto sus puertas. Los primeros testimonios que se cuestionaron racionalmente fueron documentos manejados por eruditos. Los psicólogos tuvieron que tomar como punto de partida las reglas que Papebroch, Mabillon, Beaufort y sus emuladores habían aplicado concretamente, más que formulado teóricamente, pero desarrollaron estos principios con sus propios métodos. Sobre todo, no se limitaron a utilizar el material terriblemente complejo que les proporcionaba el pasado o la vida cotidiana, sino que construyeron verdaderos experimentos, gracias a los cuales pudieron aislar los distintos problemas entre sí, poner un poco de orden en la investigación y enuclear los elementos de las futuras soluciones[1.]

Como justo intercambio, los resultados de sus trabajos, aunque todavía incompletos, ofrecen ya hoy una valiosa ayuda a los historiadores. Nuestra desconfianza, hasta ahora principalmente instintiva, se basará cada vez más en la razón. Nuestra duda se vuelve metódica: así encontrará sus propios límites. No existe un buen testigo, no existe un testimonio exacto; pero ¿en qué puntos merece ser creído un testigo sincero que cree decir la verdad? Se trata de una cuestión infinitamente delicada, a la que no se puede dar de antemano una respuesta inmutable, válida en todos los casos; hay que examinar cuidadosamente cada caso y decidir caso por caso en función de las necesidades concretas. Pero las soluciones particulares sólo tendrán una base seria si se inspiran en principios generales; ¿quién mejor para pedir estas directrices que las observaciones testimoniales? ¡Qué luz no arroja ya el trabajo del psicólogo sobre los grandes dramas de la historia, sobre la historia de los Templarios, por ejemplo, o sobre la de Gilles de Rais[2], o incluso sobre esa espantosa tragedia en mil actos diferentes que fueron los juicios por brujería!

Además, la crítica metódica del testimonio parece haber alcanzado una consecuencia muy importante, aunque poco advertida: asestó un golpe muy duro a la historia pintoresca. Guillaume de Saint-Thierry, en su *Vie de saint-Bernard*, cuenta que el santo, monje en Cîteaux, no supo durante mucho tiempo cómo se iluminaba la capilla, donde asistía regularmente a los oficios religiosos; y que se sorprendió al enterarse un día de que el ábside estaba iluminado por tres ventanas, y no por una sola, como había creído hasta entonces[3]. Ante estos y otros elementos similares, la hagiografía permanece atónita y asombrada: ¡qué gran santo presagiaba semejante indiferencia hacia lo vano de esta tierra! Hoy sabemos que, para equivocarse tanto sobre la apariencia de las cosas que aparentemente deberían resultarnos más familiares, no hace falta ser doctor de la Iglesia ni príncipe de la mística. Los alumnos del profesor Claparède en Ginebra, en el curso de famosos experimentos, han demostrado que conocen el atrio de su universidad, en sus grandiosas líneas arquitectónicas, tan mal como Bernard conocía la capilla o el refectorio de su convento[4]. En una deposición normal, es decir, en la que se mezclan lo verdadero y lo falso, nada es generalmente más inexacto que la que toca todos los pequeños detalles materiales, como si la mayoría de los hombres se movieran con los ojos medio cerrados en un mundo exterior que no se dignan mirar. ¿Cómo tomar ahora en serio los pasajes descriptivos, el retrato de costumbres, gestos, ceremonias, episodios bélicos, en una palabra, toda esa basura que tanto sedujo a los románticos, cuando no hay un solo testigo a nuestro alrededor capaz de recordar correctamente todos los pequeños hechos sobre los que los antiguos autores se interrogaban con tanto ahínco?[5] Los psicólogos nos dan aquí una lección de escepticismo; pero hay que añadir que este escepticismo sólo se refiere a cosas muy superficiales y que no se toca la historia jurídica, económica o religiosa; lo más profundo de la historia puede muy bien ser también lo más cierto.

Así, gracias a la psicología del testimonio, podemos esperar limpiar la imagen del pasado de los errores que la empañan con mano más hábil. Pero el trabajo crítico para el historiador no lo es todo. Para él, el error no es sólo un cuerpo extraño que se esfuerza por eliminar con toda la precisión de sus instrumentos; también lo considera un objeto de estudio sobre el que se abate cuando intenta comprender la concatenación de las acciones humanas. Las historias falsas han levantado a las multitudes. Las noticias falsas, en toda la multiplicidad de sus formas -simples rumores, imposturas, leyendas- han llenado la vida de la humanidad. ¿Cómo se originan? ¿De qué dementes obtienen su sustancia? ¿Cómo se propagan, amplificándose a medida que pasan de boca en boca o de un escrito a otro? Ninguna pregunta merece fascinar más que éstas a quien guste de reflexionar sobre la historia.

Pero la historia solo nos ofrece datos insuficientes al respecto. Nuestros antepasados no se planteaban este tipo de problemas; rechazaban el error, una vez reconocido como tal; no les interesaba su desarrollo. Por eso las indicaciones que nos dejaron no nos permiten satisfacer nuestra curiosidad, que ellos ignoraban. En un tema como éste, el estudio del pasado debe basarse en la observación del presente. El historiador que pretenda comprender la génesis y el desarrollo de las noticias falsas, decepcionado por la lectura de documentos, se planteará naturalmente recurrir a los laboratorios de los psicólogos. ¿Bastarán los experimentos sobre testimonios que allí se realizan para proporcionarle la enseñanza que la erudición le niega? Creo que no, y ello por varias razones.

Consideremos, por ejemplo, el primero, si no me equivoco, por orden de tiempo, en cualquier caso el más sorprendente: la simulación de un atentado organizada por el criminólogo Lizt en su seminario de Berlín[6]. Los estudiantes que habían presenciado este pequeño drama, y que se lo habían tomado en serio, fueron interrogados, algunos la misma tarde, otros una semana, y otros cinco semanas después de los hechos. Desde el último interrogatorio, ya no se les ocultaba la verdad; sabían exactamente lo que había ocurrido (ya que el escenario había sido meticulosamente preparado de antemano) y que lo que había sucedido no era más que una broma. Las noticias falsas fueron así frenadas, me atrevería a decir, en seco. Lo mismo ocurre con otras pruebas de este tipo; el intervalo de tiempo que, en cada una de ellas, separa el momento en que los "sujetos" observan del momento en que se les toma declaración varía, por supuesto, de un caso a otro, pero siempre sigue siendo del mismo orden de magnitud. Por otra parte, el número de personas que participan en la investigación suele limitarse a un círculo bastante reducido. Es más: normalmente sólo se tienen en cuenta los testigos directos; cualquiera que no haya visto el caso en persona no aparece; los testigos indirectos, los que sólo hablan de oídas, quedan excluidos; pero sin estos últimos, ¿qué pasaría en la vida real con lo que antes se llamaba la "voz pública"? En los experimentos de los psicólogos, las noticias falsas nunca alcanzan esa magnífica plenitud que sólo la larga vida y las innumerables bocas pueden darle.

Sobre todo, estas creaciones de laboratorio carecen de lo que quizá sea el elemento esencial de la noticia falsa. A menudo surgen de observaciones individuales inexactas o de testimonios inexactos, pero esto no es toda la historia; de hecho, no explica nada. El error se propaga, se amplifica y finalmente vive sólo con una condición: encuentra un caldo de cultivo favorable en la sociedad en la que se difunde. En ella los hombres expresan inconscientemente sus prejuicios, sus odios, sus resentimientos, todas sus intensas emociones. Como tendré ocasión de decir más adelante, sólo los grandes estados de ánimo colectivos tienen el poder de transformar una percepción alterada en leyenda. ¿Cómo podrían devolvernos estos profundos temblores sociales los experimentos, por muy bien realizados que estén?

Las observaciones que acabo de esbozar pueden presentarse de forma más amplia y quizá más precisa. La psicología del testimonio, tal como hemos tratado de construirla hasta ahora, se circunscribe necesariamente al campo de la psicología individual. ¿Existe alguna diferencia de naturaleza entre estas dos ramas de la ciencia psicológica, en lo que se refiere a la sustancia misma de su objeto? Tendré cuidado de no plantear aquí esta cuestión típicamente filosófica, y tal vez incluso metafísica. Me basta con saber que, en efecto, existe entre ellas una diferencia que cualquiera puede captar; ni sus métodos ni sus resultados coinciden exactamente. Cuando se trata de estados colectivos de conciencia, el estudio experimental, en particular, es prácticamente inconcebible. Esto explica por qué los resultados de los trabajos mencionados anteriormente, por muy interesantes que sean, siguen siendo, desde nuestro punto de vista, de alcance limitado; nuestro conocimiento de la percepción, la memoria, la sugestión, se ha enriquecido enormemente gracias a ellos; y la propia crítica histórica ha sacado de ellos un apoyo muy eficaz, pero, después de haber leído los relatos de tantos experimentos bien realizados, no sabemos mejor que antes cómo se forma y vive una leyenda[7].

Las observaciones anteriores se aplican a los experimentos propiamente dichos, obras artificiales del ingenio humano. Lo que nos limita, en este caso, son los propios límites impuestos a las acciones de un científico, que evidentemente es completamente incapaz de cambiar la constitución de la sociedad o de crear grandes emociones comunitarias en su laboratorio. Pero aquí se ha producido en los últimos años una especie de vasto experimento natural. Tal puede considerarse, en efecto, la guerra europea: un inmenso experimento de psicología social de una riqueza sin precedentes. Las nuevas condiciones de existencia, que tienen un carácter tan extraño y peculiaridades tan acentuadas, y a las que se han visto arrojados de repente tantos hombres; la fuerza singular de los sentimientos que agitaban a los pueblos y a los ejércitos: toda esta agitación de la vida social y, si se puede decir así, esta magnificación de sus rasgos, como a través de una lente muy potente, parece permitir al observador distinguir sin demasiada dificultad las diferencias esenciales entre los diversos fenómenos. Por supuesto, el observador no puede variar directamente los fenómenos para captar mejor las relaciones entre ellos, como en un experimento en el sentido ordinario del término; pero no importa, son los hechos mismos los que muestran, y en qué medida, esas variaciones. Ahora bien, de todas las cuestiones de psicología social que los hechos de los últimos tiempos pueden ayudar a esclarecer, las relativas a las noticias falsas ocupan el primer lugar. ¡Las noticias falsas! Desde hace cuatro años y más, en todas partes, en todos los países, tanto en el frente como en la retaguardia, las hemos visto brotar y pulular; han desquiciado las mentes, a veces sobredimensionándolas, a veces demoliéndolas; su variedad, su extrañeza, su fuerza asombran todavía a quien recuerda y se acuerda de creer. El viejo proverbio alemán tiene razón: "Si llega la guerra al país, / habrá mentiras como arena"[8].

Más de un autor, preocupado por la psicología o la historia, ha tenido la idea de estudiar estas singulares florituras del imaginario colectivo. A continuación examinaremos las principales obras que se han ocupado de las noticias falsas en la guerra.

2

CUATRO LIBROS SOBRE LAS NOTICIAS FALSAS

La literatura sobre la guerra es inmensa y, por muchas razones, incómodamente escasa. De lo que conozco, me parece que hay cuatro estudios sobre las noticias falsas dignos de consideración[1].

Empecemos por el libro del doctor Lucien Graux, *Les Fausses nouvelles de la grande guerre*. Se trata de siete grandes volúmenes publicados entre 1918 y 1920 y desembarcados en las librerías con gran habilidad; lo que obliga a detenerse en ellos quizá más de lo que hubiera sido necesario. El título promete, pero la lectura decepciona. Esta vasta recopilación no puede satisfacer al historiador ni en su documentación ni en la forma de plantear los problemas. Aparte de algunos recuerdos personales y cartas, los documentos que el Dr. Lucien Graux utiliza son casi exclusivamente periódicos. Una larga colección de centenares, extraídos de esta fuente, recortados, al parecer, día a día y reunidos uno tras otro: la obra está toda aquí, digresiones y digresiones oratorias aparte. Ahora bien, la noticia falsa es ciertamente muy interesante: pero sólo si se reconocen sus rasgos peculiares. Por lo general, representa algo bastante poco espontáneo. A veces puede ocurrir que un rumor extendido en el país o en un determinado grupo social sea divulgado, de perfecta buena fe, por un periodista; sería bastante ingenuo negar a los periodistas toda ingenuidad. Pero la mayoría de las veces, la falsa noticia de prensa no es más que un objeto fabricado, hábilmente fraguado con un fin determinado -influir en la opinión pública, obedecer a una consigna- o simplemente embellecer la noticia, de acuerdo con esos curiosos preceptos literarios que se imponen con tanta fuerza a los publicistas más modestos y en los que perduran tantos recuerdos de la vieja retórica; Cicerón y Quintiliano tienen más discípulos en las redacciones de los periódicos de lo que comúnmente se cree . Graux ha reunido las noticias de los distintos periódicos sobre las respuestas dadas por Malvy a la última pregunta del presidente del Tribunal Superior[2] sobre la muerte de Bolo-Pacha[3], sobre la audiencia final del proceso Toqué[4]; las contradicciones que surgen son singulares y divertidas. En efecto, nunca sabremos si el sombrero de Bolo era marrón o negro, flexible o redondo, si Malvyb pronunció con voz perentoria o débil ciertos papeles de pa, de los que, por ejemplo, "Le Matin" y "La Petite République" dan versiones muy diferentes. ¿Es necesario ver en tales divergencias una nueva ilustración de esas imperfecciones del testimonio humano puestas de relieve por los psicólogos? No me atrevería a afirmarlo: porque tal vez la mayoría de estos relatos fueron simplemente preparados de antemano: lo que explicaría muy bien el hecho de que reproduzcan de forma inexacta acontecimientos que fueron previstos en sus grandes líneas, pero cuyos detalles minuciosos no pudieron ser profetizados[5]. Nada sería más instructivo que

b   Louis Malvy (1875-1949) fue un político francés. (N. de T.).

un estudio serio, acompañado de ejemplos concretos, sobre la prensa de guerra, sus tendencias, sus modalidades de composición y su acción. Los fragmentos seleccionados por Lucien Graux no nos aportan nada parecido. La crítica de las fuentes brilla por su ausencia.

Las noticias falsas están registradas de forma confusa, sin otro orden que una conexión cronológica bastante débil. Se mezclan los frentes y las retaguardias. A decir verdad, en conjunto, el frente aparece muy poco; se ignora su capacidad para dar vida a bellos relatos. Tampoco se describen nunca las condiciones particulares que la vida en las trincheras imponía a la propagación de cualquier tipo de información. En general, no se hace ningún esfuerzo por analizar los entornos en los que se originaron y propagaron los rumores. ¿Qué se diría de las investigaciones sobre la leyenda napoleónica que pasaran por alto el comercio ambulante, o sobre las tradiciones medievales que ignoraran el papel desempeñado por juglares, peregrinos, mercaderes y monjes errantes en una sociedad todavía poco densa? Que probablemente pasan por alto las cuestiones esenciales. Lo mismo hay que decir de este libro sobre las *Fausses nouvelles de la grande guerre* en el que el oficial de abastecimiento, el oficial de enlace, el oficial de correos, "todo el pequeño mundo errante de caminos, callejuelas y senderos", el soldado de permiso, el vínculo vivo entre el alma legendaria del frente y la de la retaguardia, apenas están presentes y en ninguna parte ven su acción seriamente estudiada.

La obra de Lucien Graux contrasta agradablemente con el sugerente trabajo de Albert Dauzat, *Légendes, prophéties et superstitions de la Grande Guerre*[8]. De este bello volumen, aquí sólo nos interesa un aspecto. Los ritos supersticiosos creados o renovados por la guerra merecen un estudio aparte, por lo que no los abordaré aquí. A ellos Dauzat les asigna un lugar importante, mientras que a las noticias falsas propiamente dichas solo les dedica poco más de un centenar de páginas. Su actitud hacia las leyendas e incluso las supersticiones recuerda en muchos casos a la de los filósofos del siglo XVIII; como ellos, le gusta considerarlas menos como frutos naturales del alma popular que como ficcione hábilmente inventadas por hombres ingeniosos para atraer a la opinión pública hacia sus ideas o, más sencillamente -si se trata de ciertos fetiches como la ilustre pareja de Nénette y Rintintin-, para lanzar una actividad comercial[9]. Si solo escucháramos a algunos románticos, nos veríamos inducidos a creer que en la formación de las leyendas todo es espontaneidad e inconsciente; es útil que de vez en cuando un escéptico venga a recordarnos que en el mundo han existido muchos hábiles mentirosos capaces de imponerlas a las multitudes. Dauzat es un placer de lectura, como se escucha a un brillante conversador, que desgrana sus recuerdos y los comenta no sin sutileza; siempre divierte, a menudo hace pensar. No le pidamos una investigación profunda basada en una crítica seria de las fuentes. Prefiere rozar los temas, más que profundizar en ellos.

Por otra parte, ¿por qué extrañarse de que los doctores Lucien Graux y Dauzat no fueran capaces de abordar los inmensos argumentos que proponían con la amplitud y la precisión que uno tiene derecho a esperar de las obras históricas? Una síntesis extensa sólo es posible después de que el tema haya sido preparado por buenas monografías.

Por ahora, lo que necesitamos, sobre las falsas noticias de guerra, son sólidos estudios específicos, precisos y circunscritos: casos típicos tomados aisladamente, o ciclos de leyendas, bien determinados, seguidos en su génesis y ramificaciones. Eso es lo que han intentado ofrecernos dos autores, expertos en buenos métodos: el historiador inglés Oman y el sociólogo belga Van Langenhove.

Ornan, en 1918 presidente de la Société Historique Royale, fue llamado a pronunciar una conferencia plenaria; eligió como tema las noticias falsas, o más bien, utilizando sus propias palabras, se esforzó por "ilustrar la psicología del rumor mediante el examen de incidentes ocurridos durante esta guerra"[10]. En esta breve disertación, junto a consideraciones generales a menudo penetrantes, pero un poco apresuradas, se puede encontrar un estudio más detallado sobre una famosa leyenda: la de los refuerzos rusos.

Uno recordará el rumor que se extendió por Gran Bretaña y Francia en un santiamén hacia finales de agosto de 1914: rusos, decenas de miles de ellos, desembarcados asegurando algunos en las partes escocesas, asegurando otros en Marsella, venían a engrosar las filas de los aliados occidentales. Por lo que puedo juzgar, era un falso informe de la retaguardia; no sé si, en algunos puntos, llegó al frente, pero no creo que se originara aquí. Ornan analiza muy bien el estado de ánimo expresado en él: un ardiente deseo de ver reforzado el frente por el que se temía y el prestigio de Rusia, que el pensamiento popular y la prensa presentaban como una fuente inagotable de hombres. Pero, ¿cuál fue el primer incidente del que surgió el error? ¿El impulso, si se puede decir así, que puso en movimiento la imaginación? Las hipótesis que Ornan, no sin vacilación, propone a este respecto -la presencia en Edimburgo de oficiales de Estado Mayor rusos, en Liverpool de reservistas rusos llegados de América- sólo me satisfacen parcialmente; o, mejor dicho, creo que una sola hipótesis no puede bastar. Omán parece ignorar que las noticias falsas se difundieron tanto en Francia como en Inglaterra, al parecer, al mismo tiempo. Y éste es, en mi opinión, el hecho crucial.

¿Hubo préstamos de un país a otro? Una investigación detallada permitiría probablemente responder a esta pregunta con cierta certeza; el quid del debate consistiría en comparar cronológicamente los relatos inglés y francés; también habría que intentar determinar si este rumor apareció por primera vez en Francia en las regiones de en contacto directo con los ejércitos británicos. Aunque no he podido realizar este trabajo, tengo la impresión de que la leyenda, lejos de haber cruzado el Canal de la Mancha, surgió simultáneamente, de forma espontánea, en Francia y en Inglaterra y, probablemente, al mismo tiempo en varios lugares tanto del territorio francés como del inglés. La psicosis colectiva era la misma en todas partes; los incidentes que en los distintos casos concretos fueron el origen de falsos relatos, aunque diferentes en sus detalles, eran verosímilmente similares en sus rasgos esenciales: la visión de uniformes insólitos, una lengua desconocida hablada por soldados extranjeros. Percepciones esencialmente correctas, pero malinterpretadas, distorsionadas unánimemente para adaptarse a los ardientes deseos de cada cual: éste fue probablemente el origen de las falsas noticias rusas, como de tantas otras.

Por último, me remito al estudio de Fernand van Langenhove: *Comment nait un cycle de légendes, Franc-Tireurs et atrocités en Belgique*[11] . Es imposible leerlo sin emoción; el rigor del método y la rara inteligencia psicológica que brilla en él lo habrían convertido en una obra valiosa en cualquier época, pero lo que lo hace precisamente extraordinario es el hecho de que fuera escrito en 1916, por un belga. Si la leyenda de los tiradores franco, en lugar de aparecer entonces como manchada de sangre fresca, hubiera sido uno de esos viejos mitos inocentes ante los que sonríen los estudiosos del folclore, van Langenhove no habría podido hablar de ella con más honestidad y sosiego. La profunda buena fe que anima este opúsculo no sólo le dio, en el momento en que fue escrito, una fuerza persuasiva que el arte más consumado de la oratoria no habría podido igualar, sino que lo elevó por encima de las circunstancias en que nació; entre las obras sobre psicología colectiva, ocupa el primer lugar.

Van Langenhove sólo quiso consultar fuentes alemanas: testimonios de soldados, artículos de prensa, informes oficiales. La mayoría de estos textos ya habían sido recopilados antes que él, en la propia Alemania. Desde los primeros combates, cuando estas atrocidades se extendieron entre las tropas atacantes y en la retaguardia, que, según las severas palabras del "Hannoversche Courier", hicieron que "los belgas de ambos sexos parecieran bestias sedientas de sangre", "en esta síntesis discordante del ejército germano y belga, los soldados alemanes fueron los únicos que pudieron encontrar la manera de llegar al meollo de la cuestión". En esta sinfonía discordante de rumores e imposturas, un tema sobresalía del conjunto con mayor claridad: a la cabeza de los espías, los franceses, los que masacraban a los heridos, los incendiarios, la imaginación de los soldados colocaba a los sacerdotes. Los católicos alemanes estaban trastornados; esta leyenda anticlerical, que amenazaba con suscitar terribles odios contra ellos en su propio país, no podía dejarles indiferentes. De ahí las investigaciones, como las llevadas a cabo por la organización Pax de Colonia, y el libro del padre Duhr, jesuita ya conocido por obras históricas similares: *Der Lügengeist im Volks Krieg*. Lo que inspiraba estas obras no era el amor a la verdad absoluta: no se trataba de saber si la población belga en su conjunto era culpable o estaba injustamente calumniada; bastaba con que el clero fuera declarado inocente; una vez vengado el honor de los sacerdotes, nada más importaba. Pero en un ciclo de errores todo está conectado; quitar una piedra es derribar todo el edificio. Van Langenhove tomó de las manos de los apologistas alemanes los documentos que habían recogido, que en sus intenciones sólo pretendían servir a intereses estrictamente confesionales, y los utilizó para un propósito más amplio. Clasificándolos metódicamente, tratando de rastrear sus filiaciones, sometiéndolos, en una palabra, a las reglas de una crítica sagaz, pudo, gracias a ellos, arrojar una viva luz sobre todo el grupo de leyendas que se propuso estudiar.

Un libro así, cuya fuerza reside enteramente en la precisión de su instrumento crítico y en la finura de su análisis, no puede resumirse. Sin embargo, se puede intentar trazar las principales conclusiones, que tienen un alcance muy general. Cuando se comparan las múltiples imágenes proporcionadas por van Langenhove, ya que sus rasgos fundamentales se solapan, se ve aparecer un dibujo esquemático de la falsa noticia de la "atrocidad". Lo que me gustaría intentar aquí es reproducir este esquema. Por supuesto, sólo me refiero a las falsas noticias sinceras; en el ciclo, las simples mentiras probablemente encontraron su lugar, pero la impostura consciente, a los ojos del historiador o del psicólogo, no presenta nada particularmente singular[12].

En el origen, nos encontramos con un estado de ánimo colectivo. El soldado alemán que, inmediatamente después del comienzo de la guerra, entra en Bélgica se ve de repente arrancado de sus campos, de su fábrica, de su familia, o al menos de la vida reglamentada del cuartel. De este repentino desorientamiento, de esta brusca ruptura de los vínculos sociales esenciales, surge una gran confusión moral. Las marchas, los alojamientos precarios, las noches sin dormir agotan hasta el extremo a los cuerpos que aún no han tenido tiempo de acostumbrarse a estas duras pruebas. Combatientes inexpertos, los invasores están obsesionados por terrores tanto más fuertes cuanto necesariamente necesariamente imprecisos; "Sus nervios están crispados, su imaginación sobreexcitada, su sentido de la realidad destrozado"[13]. Son hombres que han sido alimentados con relatos de la guerra de 1870; desde la infancia, se les han contado continuamente historias de los hechos atroces atribuidos a los franco tiradores franceses, historias que han sido difundidas por novelas y cuadros; las obras militares les han dado una especie de garantía oficial; más de un manual que los licenciados llevan en sus mochilas les enseña cómo tratar a los civiles rebeldes; esto significa que los habrá. La resistencia de las tropas belgas y la hostilidad de la población belga despiertan un profundo asombro en el alemán medio, que pensaba que sólo luchaba contra los franceses; normalmente no conoce la respuesta del gobierno de Bruselas al ultimátum del 2 de agosto; si la conoce, no la entiende; su sorpresa se convierte fácilmente en indignación; cree fácilmente que el pueblo que se atreve a sublevarse contra la nación elegida es capaz de cualquier cosa. Por último, añádase a esto el hecho de que, en estado de memoria inconsciente, perduran en la mente multitud de viejos motivos literarios, todos esos temas que la imaginación humana, al fin y al cabo muy pobre, repite sin cesar desde la noche de los tiempos: historias de traiciones, de envenenamientos, de mutilaciones, de mujeres que sacan los ojos a guerreros heridos, cantadas antaño por aedos y trovadores y popularizadas ahora por la novela de folletín y el cine. Éstas son las disposiciones emocionales y las representaciones intelectuales que preparan la formación de las leyendas; éste es el material tradicional que proporciona a la leyenda sus elementos.

Para que nazca la leyenda, bastará ahora un acontecimiento fortuito: una percepción inexacta o, mejor aún, una percepción interpretada de forma inexacta. He aquí, entre muchos, un ejemplo característico[14]. "En Bélgica, en la mayoría de las fachadas de las casas se practican estrechas aberturas que se cierran mediante placas metálicas móviles". Se trata de "agujeros en la mampostería, destinados a fijar andamios para yeseros o pintores de fachadas", similares al dispositivo de gancho que cumple la misma función en otras regiones. Parece que la costumbre de construir de este modo es típicamente belga;

al menos es ajena a Alemania. El soldado alemán se da cuenta de las aberturas, no entiende el motivo y busca una explicación. "Ahora vive en medio de las imágenes de los francos. ¿Qué explicación se le ocurre que no le sugiera esta idea fija?". Los misteriosos ojos que perforan la fachada de tantas casas son como almenas. Preparadas desde hace tiempo para la guerrilla y las emboscadas, los belgas las han hecho preparar (como dice un libro vendido, ¡ay!, en beneficio de la Cruz Roja) por "técnicos especializados": esta gente no sólo es asesina, sino que ha premeditado sus asesinatos. Así, un elemento arquitectónico inocente se convierte en la prueba de un crimen hábilmente preparado. Supongamos ahora que en un pueblo construido de esta manera se disparan unas cuantas balas, desde quién sabe dónde. ¿Cómo no pensar en que fueron disparadas a través de las "almenas"? Probablemente eso fue lo que se pensó en muchos casos; y las tropas hicieron prontamente justicia a las casas traidoras y a sus habitantes.

Otras conjeturas del mismo calibre provocaron represalias igualmente fundadas. Pero (un punto que parece habérsele escapado a van Langenhove) para cuando había inducido el derramamiento de sangre, el error ya estaba definitivamente arraigado. Hombres motivados por una rabia ciega y brutal, pero genuina habían quemado y fusilado; lo que les importaba ahora era mantener una fe absolutamente cierta en la existencia de "atrocidades", que era lo único que podía dar a su furia una apariencia de ecuanimidad; se puede suponer que la mayoría de ellos se habrían horrorizado si hubieran tenido que reconocer lo profundamente absurdo del pánico que les había impulsado a cometer tantos actos horrendos; pero nunca reconocieron nada parecido. Incluso hoy en día, los alemanes están convencidos de que muchos de sus soldados fueron víctimas de las emboscadas belgas: una convicción tanto más inquebrantable cuanto que desafía el examen. Uno cree fácilmente lo que necesita creer. Una leyenda, que inspiró actos sensacionales y sobre todo acciones crueles, está a punto de convertirse en indestructible.

Todos estos informes falsos se formaron entre los propios soldados, bajo el fuego. Van Langenhove ha mostrado muy bien cómo se transmitían al interior; primero de primera mano, a través de las cartas de los combatientes y los informes de los heridos; ¿quién, en aquellos primeros días de la guerra, se habría atrevido a contradecir a un soldado herido en el campo de batalla? Luego, de segunda mano, a través de los relatos de periodistas y enfermeras. Evidentemente, al pasar de unos a otros, no dejaban de ampliarse y embellecerse; sobre todo los círculos más reflexivos, a menudo más cultos, de la retaguardia, los elaboraban de tal manera que se coordinaban mejor entre sí y les daban una especie de carácter racional. A veces uno se maravillaba de que los belgas, de aspecto bonachón, hubieran resultado ser tan malvados; apareció un estudioso que demostró que todas las atrocidades cometidas por los tiradores francos estaban ya virtualmente inscritas, para quien supiera leer, en el arte flamenco[15]. Una profunda unidad animaba ahora todas estas leyendas, nacidas en el frente de un estado de ánimo común; el espíritu de la burguesía alemana, metódico y algo pedante, hizo de ellas un sistema de errores, bien construido y fundado en la historia[16].

PROBLEMAS Y PERSPECTIVAS

Quisiera ahora, basándome en las obras que acabo de analizar y en mi propia experiencia, presentar algunas reflexiones rápidas sobre las noticias falsas de la guerra y los problemas que surgen en relación con ellas.

He aquí, en primer lugar, una noticia falsa, cuya génesis yo mismo pude observar con gran precisión. Es una noticia de poca importancia y de relevancia limitada; una leyenda muy pequeña, modesta y casi insignificante, pero - como suelen ser en todo tipo de ciencias los casos muy sencillos- me parece perfectamente típica.

Corría el mes de septiembre de 1917. El regimiento de infantería del que yo formaba parte ocupaba el sector llamado Épine-de-Chevregny, en la meseta de Chemin-des-Dames, al norte de la ciudad de Braisne. No sabíamos a qué unidades nos enfrentábamos; era necesario saberlo; necesitábamos saberlo, porque el mando que en aquel momento preparaba el ataque de Malmaison en la misma región no podía permitirse tener lagunas en su conocimiento del plan de batalla enemigo. Recibimos la orden de dar los primeros pasos. Se organizó un golpe de mano, uno de esos golpes de mano de lujo; como se organizaban entonces, con gran uso de artillería de todos los calibres; y entre las ruinas de una pequeña posta alemana, que se había derrumbado bajo las bombas, las tropas de asalto sorprendieron a un centinela y lo condujeron hacia nuestras líneas. Tuve ocasión de interrogar a este hombre; era un soldado de edad avanzada, evidentemente reservista y, como civil, un burgués de la antigua ciudad hanseática de Bremen. A continuación fue conducido con buena escolta a la retaguardia y realmente pensamos que nunca más volveríamos a saber de él. Algún tiempo después, fue llegando a nuestros oídos una curiosa historia, contada por artilleros y oficiales de abastecimiento. Decían algo así: "¡Estos alemanes! ¡Qué organizadores tan maravillosos! Tenían espías por todas partes. En Épine-de-Chevregny capturan a un prisionero, ¿y a quién encontramos? A un individuo que, en tiempos de paz, se había establecido como comerciante a pocos kilómetros de allí: en Braisne"[1].

Aquí se pone de manifiesto la primera circunstancia que estuvo en el origen de la falsa noticia: el nombre "Breme" mal percibido, o más bien la sustitución, mediante un trabajo de interpretación inseparable de la percepción misma, en la mente de los oyentes que desconocían profundamente la geografía, del sonido exacto -desprovisto para ellos de cualquier tipo de significado- por un sonido similar, pero lleno de significado, ya que designaba una ciudad conocida por todos. A este primer esfuerzo de interpretación se añadió pronto un segundo: este comerciante, que, tras haberse instalado en Francia, reaparecía de repente disfrazado de soldado enemigo, sólo podía ser un espía; y como en general se creía que los alemanes eran dueños de toda astucia, la noticia así formada fue fácilmente creída y se propagó como la pólvora. En realidad, esta segunda conclusión probablemente ya estaba implícita en el error original. Que los alemanes, antes de la guerra, habían envuelto a nuestro país en una prodigiosa red de espionaje es algo que ninguno de nosotros podía poner en duda. Esta idea podía basarse en un número desgraciadamente demasiado grande de observaciones fiables; pero la información exacta había sido extrañamente magnificada y dramatizada por la voz popular: durante agosto y septiembre de 1914, el deseo de explicar nuestras primeras derrotas por causas extraordinarias había hecho resonar por todas partes el grito de traición; lentamente la creencia se había convertido en una especie de dogma que apenas contaba infieles. A veces, las tropas estaban como obsesionadas por ello. ¿Quién no vio entonces las luces más inocentes confundidas con señales sospechosas, o incluso (garantizo la autenticidad de la anécdota) las sombras parpadeantes producidas en las ventanas de un campanario por el vuelo irregular de una pareja de búhos? Todo el mundo estaba al acecho, listo para atrapar cualquier cosa que se ajustara a un prejuicio tan común. Por lo general, los hombres incultos no se molestan en entender o no entienden un nombre geográfico. Si se entendía Braisne en lugar de Bremen, es probablemente porque muchos soldados tendían inconscientemente a distorsionar todos los relatos que llegaban a sus oídos, con el fin de concordar con una opinión generalmente aceptada que halagaba la imaginación romántica de las multitudes.

Una vez más, nos encontramos ante un hecho de gran importancia, hacia el que parecen apuntar todos los trabajos sobre leyendas bélicas. Y una conclusión general, que probablemente los futuros estudios deberán tomar como idea rectora para comprobar si puede aplicarse a todos los casos. Podemos formularla del siguiente modo. Las noticias falsas proceden siempre de representaciones colectivas que preexisten a su nacimiento; sólo son aparentemente fortuitas, o, más exactamente, todo lo que hay de fortuito en ellas es el incidente inicial, absolutamente insignificante, que desencadena el trabajo de la imaginación; pero este arranque sólo se produce porque las imaginaciones están ya preparadas y en silenciosa ebullición. Por ejemplo, un acontecimiento, una percepción inexacta que no se anclara en la dirección hacia la que ya tienden las mentes de todos, podría constituir, como mucho, el origen de un error individual, pero no de una noticia falsa popular y ampliamente difundida. Si se me permite utilizar una expresión a la que los sociólogos han dado a menudo, en mi opinión, un valor demasiado metafísico, pero que es conveniente y, al fin y al cabo, rica en significado, las noticias falsas son el espejo en el que "la conciencia colectiva" contempla sus propios rasgos.

Las razones por las que la guerra ha sido tan fértil en noticias falsas son, en su mayor parte, demasiado obvias para que merezca la pena insistir en ellas. Nunca se insistirá bastante en hasta qué punto la emoción y el cansancio destruyen el sentido crítico. Recuerdo que cuando, en los últimos días de la retirada, uno de mis jefes me anunció que los rusos estaban bombardeando Berlín, no tuve el valor de rechazar esa imagen seductora; sentía vagamente su absurdo y sin duda la habría rechazado si hubiera podido reflexionar sobre ella, pero era demasiado agradable para una mente deprimida en un cuerpo cansado como para tener la fuerza de no aceptarla en absoluto. La duda metódica es generalmente el signo de una buena salud mental; por lo tanto, los soldados exhaustos, con el corazón agitado, no podían practicarla. El muelle de la censura fue considerable. A lo largo de los años de guerra, no sólo amordazó y paralizó a la prensa, sino que su intervención, siempre supuesta, incluso cuando no se producía en absoluto, no dejaba de hacer increíbles a los ojos del público incluso las noticias veraces que dejaba filtrar. Como dijo muy bien un humorista: "En las trincheras prevalecía la opinión de que todo podía ser verdad, excepto lo que se dejaba imprimir"[2]. De ahí, en esta escasez de periódicos, a la que se añadía, en la línea de fuego, la incertidumbre de las conexiones postales, poco regulares y, según se creía, vigiladas, una prodigiosa renovación de la tradición oral, antigua madre de leyendas y mitos. Con un golpe de audacia que el más sagaz de los experimentadores jamás se habría atrevido a soñar, la censura, borrando los siglos pasados, devolvió al soldado del frente a los medios y al estado de ánimo de la antigüedad, antes del periódico, antes de la hoja informativa impresa, antes del libro.

Acabamos de ver cómo, gracias al poder de la imaginación, un día, a partir de relatos de espionaje, un burgués de Bremen se convirtió en un espía traidor establecido en Braisne. ¿Dónde se produjo por primera vez esta desfiguración? No exactamente en la línea de fuego, sino un poco más lejos del enemigo, en las baterías, en los convoyes, en las cocinas. Y fue desde esta relativa "retaguardia" desde donde nos llegó la voz. Este era el camino que casi siempre seguían las noticias falsas. La razón es obvia: las noticias falsas sólo surgen allí donde los hombres pueden encontrarse con de grupos diferentes. Es imposible imaginar una existencia más aislada que la del soldado en los puestos avanzados, al menos durante la guerra de posiciones. Los individuos, es cierto, no vivían solos; pero estaban subdivididos en pequeñas fracciones muy distantes entre sí. Moverse significaba generalmente arriesgarse a morir; el soldado no tenía derecho a moverse sin una orden. La historia ha tenido que conocer sociedades igualmente fragmentadas, en las que el contacto entre las distintas células sociales se producía sólo rara vez y con dificultad -en diferentes épocas, a través de los vagabundos , los frailes mendicantes, los vendedores ambulantes-, más regularmente en ferias o fiestas religiosas. El papel de vendedores ambulantes o vagabundos de todo tipo, viajeros ocasionales cuyo paso era imposible de prever, era desempeñado en el frente por oficiales de enlace, reparadores de teléfonos y observadores de artillería, todos ellos personajes importantes a los que los graduados interrogaban con avidez, pero que apenas tenían contacto con los soldados rasos. Las comunicaciones periódicas, mucho más importantes, se hacían imperiosas por la necesidad de comer. El "ágora" de este pequeño mundo de trincheras eran las cocinas. Aquí, una o dos veces al día, se reunían los oficiales de aprovisionamiento venidos de distintos lugares del frente y charlaban entre ellos, o con los cocineros; éstos, por lo general, sabían mucho, porque tenían el raro privilegio de intercambiar diariamente algunas palabras con los oficiales de abastecimiento del regimiento, afortunados que vivían cerca de los civiles. Así, alrededor de hogueras o en las cocinas del campamento, se forjaban por un momento lazos precarios entre grupos profundamente diferentes. Luego, los trabajadores partían por las pistas o los caminos y, junto con las cacerolas y las sartenes, traían noticias falsas listas para ser enviadas a las líneas. En un mapa del frente, un poco más atrás de las líneas que se cruzan y dibujan las primeras posiciones con sus infinitas curvas, se podría dibujar una zona continua; ésta sería la zona de formación de las leyendas.

Una sociedad en esencia con una red muy amplia, en la que los vínculos entre los distintos elementos que la componían se formaban sólo rara vez y de manera imperfecta, no directamente, sino sólo a través de algunos individuos especializados: es lo que podríamos llamar la sociedad de las trincheras. También en esto, como en lo que se refiere a la preponderancia de la tradición oral, la guerra nos ha dado la impresión de retrotraernos a un pasado lejano. Ahora bien, parece que esta constitución social ha favorecido singularmente la creación y expansión de falsos avisos. Las relaciones frecuentes entre las personas facilitan la comparación de las distintas versiones y, del mismo modo, excitan el sentido crítico. Por el contrario, se cree sin vacilar que el narrador viene a largos intervalos de países lejanos, o se le considera como tal a través de rutas complicadas[3]. Son indicios que los historiadores harían bien en tener en cuenta.

Estudiar la acción de los distintos ambientes, en los diferentes periodos de la guerra, sobre el nacimiento, difusión y transformaciones de los relatos parece ser una de las tareas más importantes a las que se enfrentan quienes miran con curiosidad la psicología colectiva. La guerra de posiciones tuvo sus falsos relatos; la guerra de movimiento tuvo los suyos, que probablemente no fueron del mismo tipo. Los errores de la retaguardia y los del frente no eran idénticos. En cada uno de los ejércitos aliados o enemigos floreció un folclore particular. Es cierto que algunas leyendas de gran vitalidad pasaron por los más diversos grupos sociales; pero con cada paso se coloreaban con nuevos matices. Nada más instructivo que seguirlas en sus andanzas. De ellas, las más extraordinarias eran quizá las que se referían a ciertos individuos cuyas actitudes o situación los hacían particularmente propensos a golpear la imaginación común. Alrededor de estas figuras, a los ojos de la multitud, cargadas unas de gloria, otras de oscuridad, se desarrolló un prodigioso florecimiento de representaciones casi míticas. Kronprinz, por ejemplo, tuvo su ciclo, al parecer, tanto en Alemania como en Francia. ¿Quién escribirá la legendaria vida del alemán Kronprinz?[4]

Pero por ahora, la tarea más urgente es reunir materiales. Ha llegado el momento de abrir una investigación seria sobre las noticias falsas de la guerra, porque los cuatro años terribles ya se están alejando en el pasado y, antes de lo que se piensa, las generaciones que los vivieron comenzarán a desaparecer lentamente. Todos los que los han podido ver deben recopilar ahora sus notas o poner por escrito sus recuerdos. Sobre todo, no dejemos

la tarea de llevar a cabo esta investigación a hombres que carecen por completo de preparación para el trabajo histórico. En esta materia, las observaciones verdaderamente valiosas son las que proceden de personas habituadas a los métodos críticos y al estudio de los problemas sociales. La guerra, como he dicho más arriba, fue un inmenso experimento de psicología social. Consolarse de sus horrores regocijándose en su esperanzador interés sería dar muestras de amateurismo de mal gusto. Pero ya que ha tenido lugar, conviene aprovechar sus lecciones en beneficio de nuestra ciencia. Apresurémonos a sacar provecho de una ocasión que esperemos sea única.

[Artículo aparecido originalmente en "Revue de synthése historique", t. XXIII, 1921, y luego en M. Bloch, *Mélanges historiques*, París, Sevpen, 1963, 1, pp. 41-57].

Nota preliminar

Puede ser útil para el lector recordar la estructura de las unidades del ejército francés durante la Primera Guerra Mundial. La unidad básica es la escuadra ("escouade") compuesta por 15 hombres al mando de un cabo ("caporal").

Dos escuadras forman una semisección "demisección", 30 hombres) al mando de un sargento ("sergent"), dos semisecciones una sección ("section", 60 hombres) al mando de un teniente ("lieutenant"), y dos secciones un pelotón ("peloton"), mientras que cuatro secciones (240 hombres) forman una compañía ("compagnie"), al mando de un capitán ("capitaine").

En los niveles superiores tenemos el batallón ("bataillon", 1.100 hombres), el regimiento ("régimient", 3.400 hombres), la brigada ("brigade", 6.800 hombres), la división ("division", 16.000 hombres), y el cuerpo de ejército ("corps d'armée", 40.000 hombres), dirigidos respectivamente por un comandante ("comandant"), un coronel ("colonel"), un general de brigada ("général de brigade"), un general de división ("général de division") y un general de cuerpo de ejército ("général de corps d´armée").

1. Crítica de los testimonios

1. La "literatura" de la psicología del testimonio es ya muy considerable; al estar compuesta principalmente por artículos de revistas dispersos en numerosas publicaciones periódicas, resulta difícil revisarla y seguirla. La obra de J. Varendonck, *La Psychologie du témoignage* (Gante, 1914), aunque carente de ideas originales, constituye una guía conveniente y contiene una buena bibliografía. Véanse los artículos de A. Fribourg en la "Revue de synthèse historique", XII (1906), p. 262, y XIV (1907), p. 158. La revista "Folklore" (XXXI, 1920, p. 30), publicó un interesante artículo de F.E. Bartlett titulado: "Sorne experiments on the reproduction of Folk-Stories (from the Psychological Laboratory, University of Cambridge)". No he podido consultar a G. Belot, "Comment observent jeunes et vieux", en "Bulletin de la Société Alfred Binet", 1919.

2. Cf. Salomon Reinach, "Gilles de Rais", en *Cultes, mythes et religions*, IV, p. 266; cf. Ibid. p. 319: Ch.-V. Langlois cree, como Reinach, en la imnocencia de Gilles de Rais, véase su *Notice sur la vie et les travaux de M. Noël Valois*, en "Comptes rendus de l`Académie des Inscriptions", 1918, p. 156.   -

3. *Sancti Bernardi Vita*, I, e. IV , 20, t. 185, col. 238.

4. "Revue de synthèse", XIV, p. 158. Es justo añadir que San Bernardo parece haber sido más distraído que la mayoría de los hombres; se dice que pasó un día entero caminando a lo largo del lago Leman sin ser consciente de ello. El abad E. Vacandard en su *Vie de Saint-Bernard* I, p. 60, con una referencia errónea que no he podido identificar.

5. Por supuesto, el testigo de antaño, como el de hoy, merece, en general, ser creído cuando describe un determinado objeto, fácil de percibir, sobre el que previamente se ha llamado especialmente su atención, pero no cuando describe en su totalidad el entorno material en el que se desarrolla la acción de la que habla.

6. El relato de este experimento fue dado por Jafa, *Ein psycho lo-
gtscher Experzment im kriminalistischen seminar der Universitiit
Berlin*, en "Beitrage zur Psychologie der Aussage", 1, 1903, p.
79; cf. Varendonck, *La Psychologie du témoignage*, cit., p. 42 y ss.

7. Lo que acabo de decir se aplica, por supuesto, sólo a aquellas
labores de los psicólogos que se basan en experimentos organi-
zados por ellos. Los historiadores que quieran saber más sobre
el mecanismo de las noticias falsas tendrán mucho que aprender de las observaciones de ciertos psicólogos que se fijan en
hechos sociales *reales*. Consultarán, por ejemplo, con mucho
provecho, una memoria esclarecedora de J. Varendonck, *Les
Témoignages d'enfants dans un proces retentissant*, en "Archives
de Psychologie", XI, 1911, luego *La Psychologie du témoignage*,
cit, p. 147 y ss.; estas pocas páginas pueden leerse con tanto más placer cuanto que muestran cómo un sano método
crítico puede salvar la cabeza de un inocente; y -aunque se
trate esencialmente de testimonios de niños y por tanto de un
aspecto bastante particular del gran problema del testimonio-
se pueden encontrar muchas indicaciones interesantes sobre la
génesis de los errores colectivos.

8. "Llega la guerra al país / abundan las mentiras". Citado de F.
van Langenhove, *Comment naît un cycle de légendes. Francs-Tireurs et atrocités en Belgique*, París 1916.

2. Cuatro libros sobre noticias falsas

1. Los autores de obras relativas a la psicología del soldado,
como L. Huot y P. Voivenel, *La Psychologi e du soldat* (París,
La Renaissance du Livre, 1918), o G. Bonnet , *L 'Ami du
soldat* (París 1917), han descuidado en general por completo
el aspecto de la psicología de guerra que aquí nos interesa. Las
indicaciones de G. Le Bon, *Enseignements psychologiques de la
guerre européenne*, París 1916, son totalmente insuficientes.
Un financiero alemán, William Levis Hertslet, publicó por
primera vez en 1882 una especie de *corpus* de errores históri-
cos corrientes bajo el título *Der Treppenwitz der Weltgeschichte*

(El espíritu de la escalera [retrospectiva] en la Historia Univer-sal). Desde entonces se han hecho de vez en cuando nuevas ediciones, revisadas y ampliadas. La novena edición (Berlín 1918), dirigida por el Dr. Helmot, contiene un capítulo titu-lado "Der Weltkrieg", muy breve y completamente insignifi-cante. El Dr. Helmot menciona la aparición -en 1917- de una revista titulada "Archiv für Kriegsseelenkunde", publicada por el Literaturwissenschaftliche Seminar de la Universidad de Kiel, que no he podido consultar.

2. Cf. L. Graux, *Les Fausses nouvelles de la grande guerre*, 7 vols, 1918-1920, I, p. 384, nota.

3. Ibidem, p. 414, nota 2.

4. Ibidem, VII, p. 375.

5. Bolo debía haber sido fusilado el 6 de abril de 1917, pero en el último momento se produjo un aplazamiento y la ejecución no se llevó a cabo hasta el día 17. Ahora bien, si hemos de creer a Graux (p. 414, nota 2), el día 6 se puso a la venta una "edición especial con todos los detalles de lo que iba a suceder once días después". Desgraciadamente, el hecho se menciona sin referen-cia, lo que dificulta la verificación; una edición especial, pero ¿de qué periódico? Esta negligencia es lamentable, porque pare-ce que en tal caso tendríamos una prueba extraordinariamente precaria de ese hábito de la prensa que he mencionado antes; por supuesto, tal caso sólo puede considerarse como un caso extremo, un caso límite. Un buen director de periódico segu-ramente habría hecho redactar el artículo con antelación para poder publicarlo antes; pero, antes de publicarlo, habría espe-rado al menos a tener confirmación del suceso. Supongo que, en general, las cosas van así: los reporteros, deseosos de estar listos cuanto antes, preparan el artículo con antelación; llegan al lugar de los hechos con su "pieza" lista; después de observarla, la editan, si es necesario, en los puntos importantes, pero pro-bablemente sin tocar sino los detalles secundarios, considerados indispensables para el "color" de la narración, cuya falsedad, sin embargo, no escandalizará a nadie, porque nadie, o casi na-die, la reconocerá. Esto, al menos, es lo que yo imagino, quizá equivocadamente. Sería extremadamente útil que un periodista nos regalara un estudio serio y sincero sobre los procedimientos

del reportaje; nada sería más importante para la crítica de las fuentes, que es impuesta a la historia contemporánea.

6. He aquí, en parte, un pasaje que me parece totalmente inexacto: "El soldado, los oficiales sufrían el efecto, beneficioso o perjudicial, de las noticias falsas, pero la mayoría de las veces estas noticias falsas que alimentaban su discurso nacían no muy lejos, cerca de los agujeros de los obuses... En otras palabras, no tenían que ver con lo que podríamos llamar las grandes directrices de la guerra, sino con consideraciones y cuestiones *localizadas*, que en el campo de visión del soldado se modificaban fácilmente" (L. Graux, *Les Fausses nouvelles*, cit., II, p. 249). Creo que el "campo de visión del soldado" era mucho más amplio de lo que piensa Graux.

7. Jérome y Jean Tharaud, *La Releve*, París, 1919, p. 3.

8. A. Dauzat, *Légendes, prophéties et superstitions de la guerre*, París s.d.

9. Véase, en particular, el capítulo V (p. 113 y ss.) titulado: "Légendes utilitaires religieuses et politiques", y p. 250. ¿Hace falta añadir que Dauzat nunca creyó poder explicar de este modo todas las leyendas? Sólo quería indicar una tendencia del espíritu.

10. C.W. Ornan, "Presidential Address", en *Transactions of the Royal Historical Society*, 1, 1918, pp. 1-27. Parte de la memoria de Ornan está dedicada a la leyenda supersticiosa, o quizá simplemente literaria, de los "Anges de Mons"; véase A. Dauzat, *Légendes, prophéties et superstitions*, cit., p. 32.

11. F. van Langenhove, *Comment naît un cycle de légendes*, op. cit. Encontramos un análisis al respecto (publicado antes de la aparición del libro propiamente dicho) por F. Passelecq, con el título: "Un cycle de légendes allemandes, Francs-Tireurs et atrocités belges", en "Le Clorrespondanr", 25 de diciembre de 1915 p. 997.

12. En cambio, no hay nada más curioso que ver cómo una mentira toma como punto de partida un error espontáneo. Un buen ejemplo de esta transformación de un error honesto en impostura lo proporciona quizá, fuera de Bélgica, la historia del "aeroplano de Nuremberg". La declaración de guerra entregada el 3 de agosto de 1914 al Primer Ministro francés

por el embajador alemán invocaba, entre otros, el siguiente pretexto: un aviador francés había "arrojado bombas sobre el ferrocarril cerca de Karlsruhe y Nuremberg" (*Liure jaune*, p. 131). Sabemos que mucho tiempo después el ayuntamiento de Nuremberg desmintió este absurdo (cf. F. Roche, *Manuel des origines de la guerre*, p. 275, nota 2). A nadie se le ocurriría pensar que el gobierno alemán, disponiendo de todos los medios de verificación, se lo creyera. Pero probablemente la mentira no se originó enteramente en el cerebro de un estadista particularmente creativo; podemos pensar que tuvo como origen una falsa noticia popular. En efecto, no es imposible que un avión francés en el curso de un reconocimiento pacífico, que tuvo lugar mucho antes de la declaración de guerra, sobrevolara inocentemente Nuremberg el 1 de agosto de 1914 (véase "Le Temps" del 9 de octubre de 1919). Esto no es del todo cierto: se ha negado; sería necesaria una pequeña investigación crítica. Si resulta ser cierto, se puede sacar una conclusión interesante. No cabe duda de que si los habitantes de Nuremberg vieron aparecer en sus cielos un avión francés el 1 de agosto de 1914, debieron temer que estuviera lanzando bombas. La falsa noticia llegó sin duda a oídos de los gobernantes de Berlín, donde debió parecerles falsa, pero en lugar de verificarla, prefirieron servirse de ella. La imaginación es una cualidad menos común de lo que a veces se cree; muchos mentirosos tienen poco de ella, y probablemente la mentira consiste con bastante frecuencia en repetir, a sabiendas de su falsedad, un relato erróneo pero veraz.

13. Cf. F. van Langenhove, *Comment naît un cycle de légendes*, cit., p. 117.

14. Ibidem, p. 185 y ss.

15. El profesor B. Handecke, de Königsberg, en un artículo titulado "Die belgischen Franktireurs und die Kunst Belgiens", en "Nationale Rundschau", I, 1914-15. Cf. F. Van Langenhove, *Comment naît un cycle de légendes*, cit., p. 251 y ss. No he podido ver el artículo de Handecke.

16. La imaginación popular siempre deforma. Sean cuales sean las "atrocidades" reales perpetradas por los alemanes en suelo francés, los relatos de las mismas se han mezclado con mucha

escoria legendaria: como, si no me equivoco, la leyenda de las "manos cortadas". Este sería un tema de estudio muy atractivo para una persona honesta y valiente. Igualmente oportuno sería elaborar un balance exacto de los crímenes alemanes, eliminando todo lo que son "noticias falsas" o incluso informaciones despistadas: ¡qué utilidad tendría una obra así no sólo para una historia objetiva, sino también para nuestra propaganda, que, después de la paz, aún tiene una función útil que desempeñar en Alsacia-Lorena, en los países amigos o aliados, en la propia Alemania! La verdad pierde su fuerza cuando se mezcla con errores.

3. Problemas y perspectivas

1. Braisne, distrito de Sois. Se pronuncia sin hacer la s.
2. Pierre Chaine, *Les Mémoires d'un Rat*, p. 61, citado por L. Graux, *Les Fausses nouvelles*, cit. II, p. 277, nota l.
3. O, si a veces se considera que sus afirmaciones son sospechosas, esta duda es tan absurda desprovista de método como la fe ciega. Así, en el frente, se veía a la misma persona aceptar alternativamente con la boca abierta los relatos más fantasiosos, o rechazar con desprecio las verdades más sólidamente fundadas; el escepticismo no era más que una forma de credulidad.
4. Cf. las indicaciones sobre algunas cuestiones que deben abordarse proporcionadas por C. Jullian en una nota titulada: "Folklore en temps de guerre", en "Revue des études anciennes", VII, 1915, p. 73. Sobre el folclore militar, véase también un cuestionario elaborado por el profesor suizo E. Hoffmann Krayer y reproducido en la "Revue des Traditions populaires", XXX, 1915, p. 107. Se pueden encontrar indicaciones sobre las noticias falsas alemanas en A. Pingaud, "La Guerre vue par les combattants allemands", en "Revue des Deux Mondes", 15 de diciembre de 1916. Véase A. Dauzat, *Légendes, prophéties et superstitions*, cit., p. 103.

"Somos los muertos.
Hace pocos días vivíamos,
cantábamos auroras, veíamos el rojo del crepúsculo,
amábamos, éramos amados.
Ahora yacemos, en los campos de Flandes."
John McCrae, *In Flanders Fields*.

El teniente coronel médico John McCrae, perteneciente al
Cuerpo Expedicionario Canadiense desplegado en Flandes
durante la Primera Guerra Mundial, quedó profundamente
abatido por la muerte de su antiguo alumno y amigo, el
teniente Alexis Helmer en la Segunda Batalla de Ypres. El 3
de mayo de 1915, al día siguiente de su fallecimiento, McCrae
escribiría en las trincheras este poema.

El trabajo editorial en este libro
concluyó con su impresión
en agosto de
2025.